规范汉语大学堂 2

金文明　杜咏秋　田娟华　雷伦　著

上海咬文嚼字文化传播有限公司

上海文化出版社

前　言

　　"规范汉语大学堂"是讲解、介绍汉语规范有关知识的系列丛书。组织编写这套丛书的宗旨,是宣传推广国家通用语言文字,为社会"说普通话,用规范字"释疑解惑。丛书在内容上力求贴近语文应用实际,针对汉语使用中存在的突出问题;在形式上力求贴近现代社会的阅读习惯,做到"小中见大,大中求小"。我们希望这套书引导社会树立汉语规范意识,使社会成员在语文使用中养成认真严谨、随时查考的习惯。

　　这套丛书的第一册《规范汉语大学堂1》针对"容易读错的字""容易写错的字""容易用错的字""容易混淆的字"分别进行讲解。第二册《规范汉语大学堂2》则围绕"汉字辨析"的主题,分别针对"简繁字""多音字""形近字""口语字"的规范使用问题,组织撰写《简繁字辨用》《多音字辨读》《形近字辨似》《口语字辨正》,作者分别是金文明、杜咏秋、田娟华、雷伦。

　　具体来说,《简繁字辨用》针对繁体字使用中大量出现的张冠李戴的错误,追根溯源地梳理了简化字和繁体字的对应关系。《多音字辨读》在讲解正确读音的基础上,着眼于总结多音字的读音规律。《形近字辨似》搜集了一批高度形近的汉字，从文字学的角度做了画龙点睛的辨析。《口语字辨正》则让我们对一些耳熟能详却又无从落笔的字，有了豁然开朗的感觉。这四个部分的内容题材范围不同，编写要求各异，但读来内容扎实，文字生动。文章字数不多，篇幅不大，但力求实用、准确和便捷。

　　语言文字工作是文化教育事业和精神文明建设的一项基础性工作。汉语使用规范与否，是一个人文化素养的重要体现，也是一个城市文明程度的重要标志，且事关民族文化的传承与弘扬。希望这套丛书能够真正成为规范汉语的大学堂，发挥应有的文化传播功能，引起全国读者的关注。

目 录 Contents

简繁字辨用

金文明

简有简法，繁有繁规
——简繁字说略

本章所说的"简繁字"，是简化字和繁体字的合称。根据国家的有关语文政策，我们提倡使用简化字；但在有必要使用繁体字的场合，则要正确使用繁体字。

简化字和繁体字，大体有五种对应关系：

一是一个新造的简化字，对应一个传承的繁体字。比如"爱"对应"愛"。"爱"是简化字，"愛"是繁体字，简时用"爱"，繁时用"愛"，一一对应，关系明确，一般不会出错。

二是一个新造的简化字，对应两个或两个以上的繁体字。比如"发"既和"开發"的"發"对应，又和"头髮"的"髮"对应。当"发"换用繁体字时，就必须明确该用"發"还是"髮"。街头的美发店用繁体字做招牌，因为缺乏这方面的用字知识，往往会闹出"美髮"误为"美發"的笑话。

三是简化字本有其字，又和某一个繁体字对应。比如"松"是一种常绿乔木的名称，这个字是历代传承的规范汉字，但它同时又是"鬆"的简化字。这一类字转换为繁体字时，一定要明确用的是简化字本义，还是繁体字意义，不能不分青红皂白，一律转换为繁体字。某电影的道具中有一把古琴，琴身上刻有"听鬆"二字，这个"鬆"字便是用错了的。"听松"是琴声产生的联想，听的是"松涛"，而不是"鬆涛"。用了"蓬鬆"的"鬆"，让人不知所云。

四的情况更为复杂一点。简化字本有其字，又和两个或两个以上的繁体字相对应。这种情况在转换为繁体字时，就面临着多项选择，更容易发生差错。比如"干"字本有其字，同时又是"乾""幹"的简化字。那么，"干细胞"的"干"到底本来就是"干"，还是"乾"或者是"幹"的简化呢？就让人颇费踌躇，不了解"干细胞"的"干"是主体、主干的意思，是很难做出判断的。

五是指一种特殊情况，就是在通常的简繁对应中存在特例，比如"徵"的简化字是"征"，无论是动词"徵文""徵兵"中的"徵"，还是名词"特徵""表徵"中的"徵"，"徵"都可简化为"征"。然而，用于指古代的五音之一——"宫、商、角、徵、羽"中的"徵"时，"徵"则必须用原字，而且必须读 zhǐ。这种特例，在《简化字总表》中，都一一做了提示。

简繁字是历史的产物，同时又体现了语文政策。简有简法，繁有繁规。但愿本章能给你提供一点参考。

简繁字辨用例析

"肮脏"不是"肮臟"

"脏"字本无其字，为现代新造。它对应的是两个繁体字："臟"和"髒"。这两个字在古代各有其字，读音不同，意义更不同。

"臟"音 zàng，义为内脏。如"臟腑"。

"髒"音 zāng，义为不干净。如"肮髒"。

在用简化字时，无论是"心 zàng 病"还是"zāng 乱差"，"zàng"或"zāng"都写作"脏"。但在需要恢复繁体字的场合，则要根据读音的差异区分用字。"肮脏"的"脏"必须用"髒"不能用"臟"。

"白洋淀"不是"白洋澱"

"淀"和"澱"读音相同，都是 diàn。但在古代，这是两个不同的字。

淀，本义是浅水湖，名词，比如荷花淀。"澱"是动词，指液体中没有溶解的物质，沉到液体的底部。两字音同义不同。

现以"淀"作为"澱"的简化字，"沉澱"自应写作"沉淀"；而在恢复使用繁体字的场合，表示浅水湖的"淀"

仍然应当写作"淀"。"白洋淀"写作"白洋澱"显然是错的。

"白术"不是"白術"

"术"本有其字，它和"術"在古代音义有别。

"术"的常用读音为 zhú，指多年生草本植物白术、苍术等。

"術"音 shù，本义是邑中道路，引申为技艺、办法、学说等。如"技術""艺術"等。

由于"术"刚好是"術"的内部构件，所以被借来作为"術"的简化字，"术"的常用读音也转为 shù。但需要注意的是，原来作为植物名的"术"不能繁化为"術"，如"白术""苍术"不能写作"白術""苍術"，读音也仍当是 zhú。

"北斗"不是"北鬥"

"斗"和"鬥"都本有其字，但音义不同。

"斗"音 dǒu，本指古代的酒器。和这种酒器的形态有关，也用来指天上的星宿——南斗、北斗，或者其他一些类似的东西。此外，"斗"也用来指我国古代的一种容器和计量单位。

"鬥"音 dòu，本义为相争、战斗、争斗，也指比赛、争胜等。

由于"鬥"古代有异体字"鬭"，所以"鬭"的内部构件"斗"又成了"鬥"的简化字。"鬥争"自可写作"斗争"。

但当表达"斗"字的本义时，是不能繁化为"鬥"的。如"星斗""烟斗""车载斗量"的"斗"都不能写作"鬥"，"北斗星"也绝不能写作"北鬥星"。

"必须"不是"必鬚"

"须"和"鬚"是一对古今字，先有"须"，后有"鬚"。

"须"的本义就是人的胡子，后因"须"发展出了必须和等待的义项，古人又造了"鬚"字来专指胡子和像胡子的东西。"巾帼不让鬚眉"，"鬚眉"便是指胡须和眉毛，借指男子。

现在，"鬚"又回到从前的本字简化成了"须"。在简繁转化的过程中，我们只需记住：只有表示胡须意思的"须"繁体字写作"鬚"，其他的"须"如"必须""须臾"等还得用"须"本字。

"表格"不是"錶格"

"表"是一个很早就有的古字，"錶"则较为后起，大概是清代有了金属计时工具以后新造的形声字。现在"錶"简化为"表"。

"表"字本义是指外衣。在长期的语言发展过程中，"表"字逐渐引申出诸多意义，如"外表""表示""表格""表亲"等等。

"錶"字只有一个义项，指计时工具。如"手錶""怀錶"。

弄清楚"錶"的意思，就不会在简繁体转换的过程中把"表格"写成"錶格"了，因为除了表示计时工具的意思外，其他的义项只能写作"表"。

"茶几"不是"茶幾"

"几"和"幾"两个字都是古已有之，但音和义并不完全相当。

本有其字的"几"，有两个读音：一个读 jǐ，只用于古代叠音词"几几"，现代已经不用。另一个音 jī，指古人席地而坐时供倚靠的器具，也指放置物品的小桌子，如"窗明几净"，现代还在经常使用。

"幾"主要有两个读音：一个音 jī，古代义项较多，但大多冷僻少用，比较常见而沿用至今的是副词义，表示几乎、将近。例如贾谊《论积贮疏》："汉之为汉，幾四十年矣。"另一个音 jǐ，多用作疑问代词，表示询问数目多少。如《孟子·离娄上》："子来幾日矣？"

由于"几"字经常与表示"几乎、将近"的"幾"通假使用，所以"几"和"幾"被确定为一组对应的简繁体字收入《简化字总表》。

但是应当注意，在现代用繁体字排印的书刊中，"几"与"幾"的简繁转换只限于在副词"几乎、将近"及疑问代词"多少"之间进行。作为"倚靠器具"和"小桌子"的"几"，跟"幾"是不存在对应关系的。因此，"茶几"不能转换为"茶幾"。

"长吁短叹"不是"长籲短叹"

"吁"和"籲"都本有其字，但音义都不相同。

"吁"在古代最常用的读音是 xū，是一个叹词，如："噫吁嚱！危乎高哉！"也引申用作动词，指叹息和忧愁，如"长吁短叹"。

"籲"音 yù，意思是为某种要求而呼喊，现在常用的"呼籲"一词，即是从"籲"的本义而来。

现代以"吁"为"籲"的简化字，"呼籲"自应写作"呼吁"。但在需要使用繁体字的场合，读作 xū 的"吁"是不能写作"籲"的，"长吁短叹"当然不是"长籲短叹"。

"冲扩" 不是 "衝扩"

古代有"冲""沖""衝"三个字。

"冲"是"沖"的省写，两个字实是同一个字。"冲"现又用作"衝"的简化字。

"冲"的本义指水流摇荡的样子，引申指水流撞击，如"大水冲了龙王庙"。又可指水或酒垂直注下，比如"冲茶""冲酒"。由摇荡引申指垂直向上钻，比如"一飞冲天""气冲斗牛"。也可指山区的平地，如毛泽东的故乡"韶山冲"。或者指互相抵消，如"冲抵"。

"衝"字本义是通行的大道，这个意义现在还用在"要衝"等词语里。"衝"又有向前突进之义，如"横衝直撞"。由此也引申指触犯、冒犯等义，如"衝动""衝击"等等。

凡是用"衝"的地方，可以简化为"冲"；但是"冲"不能一概繁化为"衝"。"冲扩"便是一例。

"冲扩"，是胶片冲印时代的产物，指冲洗和扩印。胶片冲洗时要将胶片浸沐在显影液中，是名副其实的以液体"冲泡"的过程，所以即便在使用繁体字的场合，也必须写作"冲"。许多照相店门口把"冲扩"写成了"衝扩"，似乎很有文化，其实是弄巧成拙。

"丑角"不是"醜角"

"丑"和"醜"在古代是不同的字，但两字读音相同，都读作 chǒu。现在以"丑"为"醜"的简化字，凡"醜"都可以简化为"丑"。

"醜"字的本义是指相貌难看，和"美"相对，引申指其他令人生厌的事物或现象，如"醜态""醜闻""醜事"。

而"丑"字的义项，是"醜"所不具备的。比如在元明杂剧和现代京剧中有生、旦、净、末、丑等角色，这里的"丑"指的是滑稽可笑的喜剧人物或反面人物，尽管他们一般长得比较丑，却从来不写作"醜"。

此外，地支的第二位"子丑寅卯"的"丑"，也只能写作"丑"，不能繁化为"醜"。

"船只"不是"船衹"

"只"是"衹"和"隻"的简化字，但在古代这是三个不同的字。

"只"字起源很早，本是句末的语气助词，音 zhǐ。如《诗经·鄘风·柏舟》："母也天只，不谅人只！"大概到了晋代，"只"被用来通"衹"。

"衹"从衣，本义是一种橘红色的丝织品，后指仅仅、局限在某一范围内，音 zhǐ。如"衹是""衹见""衹有"。

这是一个用来限定范围的副词。

"隻"，本义是一只鸟，后来泛指单独或极少量，音 zhī。如"形单影隻""片纸隻字"。也可作量词，如"三两隻"。

"祇""隻"现在都简化为"只"，在需要使用繁体字的场合，可根据意义加以区分。"船只"是以名词语素加上量词语素构成的词语，因此可以写作"船隻"却不能写作"船祇"。

"倒仆"不是"倒僕"

"仆"与"僕"都是本有其字，但二者音义不同。

"仆"是多音字。一音 pū，又音 fù，本义为顿，即以头碰地，引申指向前倾斜、倒下，如"前仆后继"。

"僕"音 pú，本义是侍从、供奴役的人，引申指驾车的人。因为都是地位低下的人，所以也能用作对自己的谦称。

"仆"用作"僕"的简化字后，"僕人""僕役"的规范写法是"仆人""仆役"，"仆"的读音也转为 pú。但在使用繁体字的场合，读音为 pū 的"仆"和读音为 pú 的"僕"不能混为一谈，"倒仆"不能写作"倒僕"。

"范仲淹"不是"範仲淹"

"范"和"範"在古代是两个不同的字，不过读音相同，都是 fàn。

"范"本义为草名，所以从草。此外，"范"还用作姓氏，如春秋时期越国的范蠡。

"範"古代的常用义是模型、模子，引申指典范、法则等。"範"也可用作姓氏，如汉代有範依。

因为读音相同而字形简单，"范"在古代便可通"範"，便有了模范、法则等义。现在"范"成了"範"的简化字，"模範"理应写作"模范"；但古代的姓氏"范"则不可繁化为"範"。当然，姓"範"的也不能简化为"范"。因此，今天如果有人把宋代的名人"范仲淹"写成"範仲淹"，或者把汉代的"範依"写成"范依"，都是不对的。

"丰采"不是"豐采"

"丰"和"豐"都是本有其字，古今读音相同，都是 fēng，意义也大多相通。所以《简化字总表》将"丰"作为"豐"的简化字。但大多相通并不等于完全相通。

"丰"的本义是草木茂盛，由此引申出量的富足的意思。这一义项和"豐"字相通，因此，"丰收"可以写作"豐收"，"丰盛"可以写作"豐盛"，"丰衣足食"

可以写作"豐衣足食"，"体态丰盈"可以写作"体态豐盈"；但"丰"还有美好义、光彩义，可以用来形容人的容貌和姿态，这一义项是"豐"不具备的，因此，"丰采"不能写作"豐采"，"丰韵"也不能写作"豐韵"。

"宫商角徵羽"不是"宫商角征羽"

"征"和"徵"在古代是两个不同的字。

"征"音 zhēng，本义为远行，引申指以武力讨伐。如"出征""征伐""征帆""南征北战"。

"徵"本义是召、召集。引申出公开寻求、询问、责问、验证、证明等义，如"徵召""徵婚""徵询""徵文"。也有预兆、迹象的意义，如"凶徵""徵兆""特徵"。

在"征"用作"徵"的简化字后，这些词语中的"徵"都可简化为"征"。但如"征"字是表示"远行""讨伐"等本字意义时，是不可以繁写作"徵"的。

此外特别需要注意的是，中国古代音乐有五音，记为宫、商、角、徵、羽，此处的"徵"音 zhǐ。"徵"字的这个读音和意义现仍保留，与上面说的"征"字无关，不能写作"宫、商、角、征、羽"。

"光复"不是"光複"

在纪念辛亥革命一百周年时，上映了一部历史题材的电影——《辛亥革命》。这部电影把"光复"一词都错成了"光複"，犯了一个错误。

"复"曾是"復""複""覆"三字的简化字。1986年以后，"覆"字已恢复使用，"复"对应的是"復""複"二字，比过去单纯了一点，但一不小心仍会出错。《辛亥革命》便是一例。

"复"与"復"在古汉语中是一对古今字，"復"字后起，意义相同，为回、返之义，如"回復""往復"。"複"字则为有里子的衣服，即夹衣。由此引申出双重、重叠之义，如"繁複""重複"。

据此，"复"在转换为繁体字的时候，需要注意从意义出发。表示回返义的"复"应写作"復"，如"復原""復仇"。"光复"，义为恢复已亡的国家，或收复失去的土地，这里的"复"表示的是恢复的意思，不能写作"複"。而"复印机"的"复"是指一张一张重复印刷，则应写作"複"而不能写作"復"。

"皇后"不是"皇後"

在简繁字换用时，"皇后"误为"皇後"，已经成为一个常见错误。

"后"本义是君主，以后引申出帝王之妻、官长、土神等义项。"後"的本义是迟，即时间较晚，以后引申出位置在后、未来、后代等义项。现在，"后"也是"後"的简化字。

由于"后"和"後"本为两个字，在简繁转换过程中一定不能误"后"为"後"。"皇后""皇天后土""母后"或"天后""歌后"等只能写作"后"，绝不能繁化为"後"。

"回信"不是"迴信"

"回"和"迴"古代都有其字，而"回"字出现得比"迴"字早。

"回"是象形字，本义是曲折环绕，引申出旋转等义，"迴"字后起，在这些意义上与"回"字相同。因此"巡回""迂回""回旋""回避"中的"回"，都可以繁化为"迴"。

但"回"字还有一些"迴"所不具备的义项，包括：一、表示掉头，如"回马枪"；二、表示返回，如"回家"；三、表示答复，如"回信"；四、表示谢绝、辞掉，如"回掉保姆"；等等。这些都和环绕义无关，"回"字不可繁化为"迴"。

"汇款"不是"彙款"

"汇"是一个新造字，它对应两个繁体字："匯"和"彙"。

"彙"的本义是刺猬。因为刺猬可以聚成一个球，因而引申出聚合义，如"彙集""彙编"。又引申指聚合起来的东西，如"词彙""语彙"，"彙"还有品类的意思，如"品彙""万彙"。

"匯"是形声字，外面的半框，表示这是盛东西的柜类器物，引申指水流汇合在一起，故也有集聚的意义，如"匯总""匯报"，与"彙"有相通之处。但"匯"现在更有汇款、外汇等现代意义，这是"彙"所不具备的。因此，纯粹指水流汇合，不能用"彙"，"汇款""外汇"的"汇"更不能写作"彙"。

"夥颐"不是"伙颐"

"伙"和"夥"在古代是两个不同的字，但词义上多有相通之处。

"伙"本写作"火"。古代兵制以十人为一"火"，因共一"火"造饭，故同火的人互称"火伴"。《木兰诗》中便有"出门看火伴，火伴皆惊惶"的句子。此义后来另加义符，"火"写作"伙"。也可用作动词，指结伴，如"伙同"。

"夥",本义是多。引申指群聚、结伴,在这个意义上与"伙"可以通假互用,如"伙同"可以写作"夥同","合伙"可以写作"合夥","伙伴"可以写作"夥伴"。正因为此,"伙"现在成了"夥"的简化字。

但是,《简化字总表》中有一条专门提示,当"夥"用其本义表示多时,是不能简化为"伙"的。如《史记·陈涉世家》中有"夥颐!涉之为王沉沉者"。这是惊叹陈涉宫殿之盛。"夥颐"不能写作"伙颐"。

"姜子牙"不是"薑子牙"

在一篇历史小品中,居然把"姜子牙"写成了"薑子牙",让人哭笑不得。

"姜",古代是姓氏,也是水名。和那些最古老的姓氏一样,"姜"字也从女。《说文》:"神农居姜水,以为姓。""姜子牙"便是古代传说中的一位大名鼎鼎的人物。

我们现在说的作为佐料的姜,古代是另一个字:薑。这种植物既可以蔬食也可以入药。

在《简化字总表》中,"薑"字现在已简化为"姜",但在使用繁体字的场合,作为姓氏的"姜"是无论如何不可以写作"薑"的。

"讲坛"不是"讲罈"

中央电视台的《百家讲坛》，是一个深得好评的栏目。这个栏目有一句广告语："百家讲坛，坛坛都是好酒。"这句话看似巧妙，其实却是混淆了两个不同的字。

作为简化字，"坛"字是一个新造字。它对应两个不同的繁体字："壇"和"罈"。

"壇"，本义是古代举行祭祀等大典的高台，如"天坛""地坛"；也可泛指土筑起的平台，如"花坛"；亦可引申指文艺界、体育界等等，如"文坛""体坛"；或指其他抽象的场所、阵地，如"讲坛""论坛"。

"罈"字从缶，古代指一种口小肚大的陶器，如"醋罈""酒罈"。

"壇"和"罈"现在都简化为"坛"，但毕竟是两个完全不同的字。"百家讲坛，坛坛都是好酒"这句话中的"坛"，前面说的是"论壇"，后面偷换为"酒罈"，未免有点不伦不类。

"尽孝"不是"儘孝"

"尽"本是"盡"的俗体字，现为简化字，除了和"盡"

对应外,还和另一个繁体字"儘"对应。在转换为繁体字时,必须根据读音选择使用。

"盡",音 jìn,这是一个象形字,甲骨文为以手持帚洗器皿形,表示终、完的意思。用作动词,指全部拿出,如"人尽其才""尽忠报国"。

"儘",音 jǐn,义为达到最大限度。常用作构成副词的语素,如"儘快""儘早""儘先""儘量"以及"儘管""儘自"等等。也可以用作介词,表示最先考虑某些人或某些事,如"先儘老年人坐"。

"尽孝"的"尽",读音为 jìn,意思是对长辈竭尽所能履行孝道,在换用繁体字时,自应用"盡"而不是用"儘"。

"卷宗"不是"捲宗"

"卷"本有其字,它有两个常用的读音:juǎn 和 juàn。

"卷"读 juǎn 时,本义指把东西收卷起来。也指卷成圆筒状的东西,如铺盖卷、鸡蛋卷。还可用作量词,如一卷纸。此字后来写作"捲"。

"卷"读 juàn 时,主要用作名词。古代的书呈卷轴状,所以"卷"可以用来指代书籍,如"手不释卷";也可以用来泛指试卷、案卷。

"卷"现在作为"捲"的简化字，在需要使用繁体字的场合，应根据不同的读音选择用字。"卷宗"的"卷"读 juàn，不能写成"捲宗"。"本书第一卷"中的"卷"是从古代书籍的形态来的，同样不能写作"捲"。

"控制"不是"控製"

"制"字从刀，这是一个义项丰富的字。《说文》中说："制，裁也。"本义是裁断，泛指制作，用于抽象的意义则指拟定。凡制作都有一定的规则，故"制"又可指规章、法度、样式，由此又引申出限制、控制、约束等动词意义。

"製"是由"制"分化出来的，加了一个"衣"字义符，本义为裁，后引申指一切制造、制作。

现"制"为"製"的简化字，但只有在表示制造、制作义时，才能繁化为"製"。"控制"不属其列，不能写作"控製"。

"狼藉"不是"狼借"

"借"与"藉"都是现代规范汉字，同时又是一组简繁对应字。

"借"字古有其字，音 jiè，其义为"暂时借用别人的钱物"或"将自己的钱物暂给别人使用"，由此也引申出"凭借""依靠"等义。

"藉"字有两个读音。一读 jiè，本义为草垫，引申指铺垫、衬垫，以后又引申出凭借、依靠等义，与"借"可以通用，如"凭藉"。一读 jí，义为没有编织起来的草，有凌乱、杂多的意思，如"狼藉"。

需要注意的是，根据《简化字总表》的规定，"凭藉"中的"藉"可简化为"借"，但"慰藉"等词语中的"藉"虽和衬垫、凭借等有关，仍写作"藉"本字，并且保留 jiè 的读音。至于"狼藉"的"藉"，本来音义便与"借"不同，不可简化为"狼借"。

"劳累"不是"劳纍"

"累"本有其字，又是"纍"的简化字。

"纍"有两个读音。一读 léi，本义为绳索，引申指连缀成串，如"果实纍纍"；一读 lěi，指堆积，如"日积月纍"。

以上两类音义，"累"和"纍"古代均可相通使用，所以《简化字总表》将其作为一组对应的简繁字。

但是，因事物积累多了，就会成为负担，故"累"

此外还有 lèi 音，表示疲劳等意义。这是"纍"所不具备的。"劳累"的"累"因此不能繁化为"纍"。

"历史"不是"曆史"

古代没有"历"这个字形，这是一个新造字，它是造来作"歷、曆"的简化字的。"歷、曆"两个字古代都有，读音都为 lì，意义不同。

"歷"字出现得早，本义是过，如"经歷"。引申出越过、行经、遭遇、逐一等义项。如"歷来""歷尽""歷世"。"歷"字本包含历法之义，如《尚书·大禹谟》："天之歷数在汝躬。"但后来专门为历法造了一个字，就是"曆"，专指历法。

"歷"和"曆"读音相同，共用"历"作为简化字，但意义区分比较明确，在使用繁体字的场合只需注意，除了"日曆""年曆""阴曆"等表示历法的词以外，"歷史""歷经""歷歷在目"等，用的都是"歷"，不能写作"曆"。

"猎获"不是"猎穫"

"獲"和"穫"读音相同，都读 huò，但意义指向不同。"获"字则是新造的简化字，是用来对应"獲"和"穫"两个繁体字的。

"獲"，本义是打猎所得，故从犬。引申为取得、得到。如"猎獲""獲得"。

"穫"，本义是收割庄稼，故从禾。泛指收割、砍伐，并转指所得的成果，如"收穫"。

古文中没有"获"字，所以在需要还原繁体字的场合，就要辨别选择"獲"还是"穫"。辨别的基本方法是：凡是指捉到、捕到的，一律用"獲"，如"擒獲""俘獲"；引申指得到的，也一律用"獲"，如"獲得""獲奖"；只有特指农业收割或最终收成的用"穫"，如"收穫"。

"美发"不是"美發"

简化字"发"是个新造字，它对应的是"發""髮"两个繁体字。

"發"，音 fā，本义为射箭，如"百發百中"，引申指发射，如"弹无虚發"。"發"还引申出离去、遣送、兴旺等意义，如"出發""發配""發达"。

"髮"，音 fà，义为头发，如"髮廊""美髮"。

苏东坡《念奴娇》词中，既有"雄姿英发"，又有"早生华发"，简化字用的都是"发"字。如果需要使用繁体字，一个是"勃發"的"發"，一个是"头髮"的"髮"，不能混为一谈。

现代有位诗人李金发，他的名字是因梦中遇见"金髪女郎"而来，若繁化为"李金發"，就误解了他名字的寓意。同样，当代有位画家叫"程十髪"，是取"十髪为一程"之义，若是繁化为"程十發"，也是一个笑话。

"瞭望"不是"了望"

"了"与"瞭"各有其字，同时还是一对简繁对应字。但它们之间的关系有一个演变过程。

"瞭"字原本是多音字，有 liǎo 和 liào 两个读音。读 liǎo 是"瞭"的本义，指眼珠明亮，引申出明白、了解的意思。读 liào 则义为远望。在第一次《简化字总表》公布时，"瞭"简化为"了"，"瞭"字成了繁体字。但 1986 年重新公布《简化字总表》时，读 liào 音的"瞭"字恢复使用。

"了"除了作助词音 le，读轻声外，还有 liǎo 音，也有明白、清楚之义。因而现在以这个"了"作为表达明白义的"瞭"的简化字。而表达远望义的"瞭"仍然保留本字，不作简化。所以，我们在简繁转换过程中应当注意，"明瞭"应该简化为"明了"，但"瞭望"不可简化为"了望"。

"木板"不是"木闆"

"板"和"闆"两个字古代都有，读音都是 bǎn，但意义并不完全相同。现在，"板"和"闆"的简繁对应关系只存在于"老板"这个词中。

板，本义是片状的木头即"木板"，泛指片状硬物，也可指一种用来打节拍的民族乐器，如檀板。还引申出不灵活的意思，如呆板。在转换成繁体字时这些义项的"板"都不能写作"闆"。

"老闆"一词究竟出现于何时，现已很难确定。清末不少白话小说中已经出现这个词，但有不同写法，如"老班"（《海上花列传》）、"老版"（鲁迅《书信集》）、"老办"（《二十年目睹之怪现状》）等。

现在"闆"字已经不用，"老闆"一律简化为"老板"。"板"的其他用法则不能繁化为"闆"。

"南宫适"不是"南宫適"

"适"和"適"本是两个音义完全不同的字。

"适"，古代音 kuò，本义为迅疾、迅速。多用于人名。如西周有南宫适，唐德宗名为李适，南宋有洪适，等等。

"適"，是 shì，本义为往，引申出归向、符合、恰当、喜乐、舒畅等义。

"适"的本义至现代已废,故借来作为"適"的简化字,读音也随之改为 shì。在现代汉语中,凡是可用"適"的地方,均可简化为"适",如"适合""安适"等。但《简化字总表》特意提示,在古人名中还是应当区分这两个字,"南宫适"不能繁化为"南宫適"。

"鹏程万里"不是"鹏程万裏"

某高校在百年校庆时,在发行的藏书票上,将"鹏程万里"误作"鹏程万裏",受到了媒体的批评。某些旅游景点,用繁体字书写的导游资料,也往往将"名人故里"误为"名人故裏"。

"里"虽是"裏"的简化字,但"里"本有其字,其本义是人居住的地方,包括乡村的聚落和城镇的里巷,后引申指故乡、户籍管理基层单位等。"里"还可以指长度单位,一里为五百米,"鹏程万里"出自《庄子·逍遥游》,常用来比喻前程远大。而"裏"本义指衣服内层,后引申指内部、中间等。这一义项和"里"的本义毫不相干。

这就是说,"裏"可简化为"里",如"心裏有数"可以写成"心里有数";但"里"不一定能繁化为"裏"。只有在表示跟"外"相对的意思时,"里"可以繁化为"裏",如"裏外"。其他如"邻里""故里"等词语中表示居住的地方的"里","行万里路,读万卷书"中表示长度的"里",都应用其本字,不可写作"裏"。

"签名"不是"籤名"

"签"字古代写作"籤",从竹,本义是古时候在竹简上署名画押。这个意义发展到今日就是"签字""签名",或指做简单批注,如"签注"。

"籤"也从竹,本义是用竹片等做成的用于占卜的细长棍子或者薄片,后也泛指其他细棍、薄片,或引申指用作标志的薄片,如"牙籤""书籤""标籤"。

"签"和"籤"现在全都简化为"签"。在使用繁体字的场合,必须注意它们的区别:"签"本义是用作动词,如"签署";"籤"字则用作名词,指细棍或片状物。"签名"的"签"是动词,不应用"籤"。

"钟情"不是"鐘情"

"钟"字在古代虽有其字形,但几乎没有用处。现在将其偏旁类推简化后,"钟"作为"鐘"和"鍾"的简化字。

"鐘",本义是一种古代打击乐器,不少旅游景点都有"编鐘"陈列或表演,因为悬挂的"鐘"常用来报时,所以现在将计时的器具也称为"鐘",如"挂鐘""闹鐘"。"鐘"自然也就成了指称时间的名词,如"一点鐘"。

"鍾",本义是一种盛酒的容器,现在也有杯子的意思,如"一鍾茶"。又有集聚、专一义,如"鍾情",杜甫有诗"造化鍾神秀"。"鍾"还是姓氏,如鍾子期。又有一种竹子名叫"龙鍾",在风中尤其摇曳不能自持,故有成语"老态龙鍾"。

"钟情"是指感情专一,不能繁化为"鐘情"。

"乾隆"不是"干隆"

"干"音 gān,本指古代一种兵器,也就是盾牌,是象形字。所以有"化干戈为玉帛"的说法。由本义又引申出冒犯、触犯之义,如"干涉"。"干"还用来指历法中的"天干"。"干"在古代还指岸。此外,"干"也是姓氏。

"乾"是个多音字。一读 qián,本义是《周易》中的卦名,代表天,与坤相对。从而也引申出阳性、君王、男性等等意义。一读 gān,表示没有或缺少水分,引申出枯竭、徒然等义,比如"乾杯",就是使杯子滴酒不剩,也就是一饮而尽的意思。

"幹",音 gàn。本义是筑墙时支撑用的木材,引申指事物的主体，如"躯干""树干"。又引申出用作动词的从事、营求等义，比如"干活"。"干"还可用作名词，指办事能力，如"才干"。

"干"现作为"乾""幹"的简化字，因而也成了多音字。一个读 gān，对应原来音 gān 的"乾"，如"干杯"可以繁化为"乾杯"。而音 qián 的"乾"则与"干"无关。所以万万不能把"乾坤"写成"干坤"，把"乾隆"写成"干隆"。"干"的另一个读音是 gàn，对应原来音 gàn 的"幹"，如"树干""才干"可以繁化为"树幹""才幹"。

"纤绳"不是"纖绳"

"纤"字本无其字，是现代新造字，分别作为"縴"和"纖"的简化字。

"縴"古音 qiān，本义是恶絮，此义现已不用，"縴"的常用义是指牵船前进的绳子，现在简化为"纤"，读作 qiàn。如"纤绳""拉纤""纤夫"等。

"纖"音 xiān，本义为细、细小，该意义沿用至今，现在简化为"纤"。如"纤细""纤维""纤尘不染"等。

"縴""纖"是两个不同的字，读音与字义均不同，但共用"纤"作为其简化字。在由简入繁时，应根据字义及读音判断究竟是"縴"还是"纖"，不能把"纤绳"

写成"纖绳"。

"青蘋之末"不是"青苹之末"

"风起于青蘋之末"出自《风赋》，"蘋"现在简化为"蘋"，这句话被引用时，常被误写为"风起于青苹之末"或"风起于青萍之末"。

"蘋"本音 pín，指一种生于浅水、叶分四瓣的草本植物，如今称为田字草或四叶草。这种植物高可达20厘米，叶柄伸出水面，微风吹过即晃动，庄子因用"风起于青蘋之末"来比喻事物的发端。此字现类推简化为"蘋"。但近世以"蘋果"称呼一种水果，"蘋"转读成 píng，这个"蘋"字现简化为"苹"，它和"青蘋"的"蘋"不是一回事。

"苹"也是古已有的字，音 píng，本指两种植物：一是蘋萧，即艾蒿；一是浮萍。

综上所述，"蘋"与"苹"在古代是指两种植物，它们只在表达苹果的意思时可以简繁互相转换。其他如"风起于青蘋之末"中的"蘋"不宜简化为"苹"，也不能写作"浮萍"的"萍"。

"曲折"不是"麯折"

"曲"和"麯"是两个不同的字。

"曲"，象形字，音 qū。其义与"直"相对。可引申指屈、理亏。曲，还可以指乐曲，这时读 qǔ，如"未成曲调先有情"。

"麯"从麦，本义是酒母，读音为 qū，即"酒麯"。可泛指酒，如"双沟大麯"。

"麯"字现在简化为"曲"，"酒麯"可以简化为"酒曲"。反过来，"曲折"的"曲"，用的是"曲"的本义，与酒无关，绝不能画蛇添足地写成"麯"。

"山谷"不是"山穀"

"谷"与"穀"古代各有其字，读音都是 gǔ 而意义不同。现在"谷"与"穀"是一对简繁对应字，但"谷"不可都繁化为"穀"，"穀"也不能一概简化为"谷"。

"谷"，本义是两山之间的水流，引申指山间通道、夹道等。"穀"的本义为粮食作物的总称，作为书面语，还有俸禄、养育和美善等义。由于"穀"字字形复杂，古代就有以"谷"为"穀"的通假用法。

现在作为粮食总称的"穀"，都已简化为"谷"，"五穀丰登"可以简化为"五谷丰登"，但作为美善义的"穀"仍应保留本字，不作简化。如古代君王自己谦称"不穀"，吉利的日子称作"穀旦"，不应简化为"不谷"或"谷旦"。

同时，从简体字转换为繁体字时也应注意，"山谷"的"谷"用的是"谷"的本义，不能繁化为"穀"。

"沈从文"不是"瀋从文"

"沈"字本有其字，现又是"瀋"的简化字。

"沈"在古代最常用的读音是 chén，其实是"沉"的通假字，表示深、深沉、沉重、沉没等义，此义与"瀋"无关。

"沈"字另一个读音为 shěn，有两个意义。一是作为姓氏，如现代作家沈从文。二是与"瀋"相同，义为汁液，如"墨沈"。

"瀋"字只有一个读音 shěn，除了本义汁液外，还是"瀋阳市"的简称。

在简繁转换的时候，首先需要注意，古文中大量通"沉"的"沈"字，是不能繁化为"瀋"的。反之，表示汁液的"墨瀋"，则应当简化为"墨沈"，义为墨汁。"沈阳"可以繁化为"瀋阳"，"沈从文"却不能写成"瀋从文"，因为"沈"是一个固有的姓。

"松树"不是"鬆树"

"松"和"鬆"两个字古代都有，音 sōng，然而音同义不同。

"松"，本义便是指松树，一种针叶型的常绿乔木。比如雪松、罗汉松。

"鬆"，本义是头发乱的样子。引申出松散、不严格的意思，也可指肉松、蛋松等茸状的食品。

不难看出，"鬆"字的意义引申广泛，而"松"的意义单一，仅指和松树有关的事物。由于读音相同，"松"又是"鬆"字的构件，现在我们借"松"字作为"鬆"的简化字。在繁化的过程中，凡是和松树有关的，只能写作"松"，不能繁化为"鬆"。

"咸与维新"不是"鹹与维新"

"咸"字本有其字，又是"鹹"的简化字。

"咸"，音 xián，常用作副词，表示某一范围的全部，相当于全、都的意思，如"雅俗共赏，老少咸宜"。

"鹹"，也读 xián，常用义指像盐那样的味道。

根据《简化字总表》，"鹹"可以简化为"咸"，如"鹹鱼"可以简化为"咸鱼"，但表示本义的"咸"不能繁化为"鹹"。"咸与维新"，意思是一起参与除旧更新，这里的"咸"义为全都，是不能繁化为"鹹"的。

"相面"不是"相麵"

"面"和"麵"本是两个不同的字，读音都是 miàn。

"面"的本义是脸、脸面，引申为向着、正对着、当面等义，如"面朝大海""面山而居"等；又引申指事物的外表、平面、方面，如"地面""水面"等；还可以用来作为指称平面物体的量词，如"一面镜子"等。

"麵"从麦，意思是粮食磨成的粉。可泛指粉。亦多指面条。

"麵"现在简化为"面"，但"面"不可一律繁化为"麵"。"相面"指的是给人看相，通过人的面容来推测一个人的命运，和粮食没有关系，"相面"的"面"绝不能写作"麵"。

"幺麼小丑"不是"幺么小丑"

"么"和"麼"两个字在古代都有，是两个不同的字。这两个字在现代规范汉字中也都有，同时又是一对简繁对应字。

"么"在古代是"幺"（yāo）的俗字。现代规定"幺"只能写作"幺"，"么"则作为"麼"（me）的简化字。"么"还可以读 ma，用于疑问句的句末，用法同"吗"。

　　"麼"有两个读音，mó 和 me。音 mó 的"麼"本义为小，如"幺麼小丑"。"麼"的这个读音和义项至今仍然写作"麼"，不可简化。"麼"字读 me 的时候可以作词尾和助词，如："这是什麼？""你想怎麼？""最近好麼？"这两种用法现在已简化为"么"。

　　在"么"和"麼"的简繁转换中我们需要记住的是，用于词尾和句末助词的"么"与"麼"，音 me，可以简繁互换。读 mó 的"麼"，应当保留原字。

"叶韵"不是"葉韵"

　　"叶"和"葉"在古代是音义完全不同的两个字。

　　"叶"，古代读 xié，通"协"，义为和谐、相合。"协韵"现在也还能写作"叶韵"，但绝不能写成"葉韵"。

　　"葉"在古代有两个音。一为 yè，本义为植物的叶子，由此引申出书页、时期等义，也可用来比作轻小之物，或作为其量词，如"一葉扁舟"。"葉"的另一个读音为 shè，用作地名和姓氏，如春秋时楚国有葉县，又如典故葉公好龙中的葉公。

　　现代以"叶"为"葉"的简化字，音 yè。起初，"叶"只吸收了"葉"表示树叶的义项，不包括古地名和姓氏。1985 年，新发布的《普通话异读词审音表》废除"葉"

字 shè 的读音，故"葉县"和"葉公好龙"的"葉"也读作 yè，并简化为"叶"。

"余光中"不是"馀光中"

"余"和"餘"在古代各有其字。

"餘"本义为丰饶、丰足，引申出剩下、残余、其他等义。"餘"也可以作姓氏，后燕有餘蔚，但这是非常少见的。

"余"在古代是多音字，有 yú、tú、xú 等读音，yú 是主要读音。"余"在古代最主要的用法是用作第一人称代词，即指第一人称"我"。"余"还是农历四月的别称。此外，"余"是比较常见的姓氏，比如著名诗人余光中。

"余"可通"餘"，故现代将其作为"餘"的简化字。但是，《简化字总表》同时规定，在"余"和"餘"意义可能产生混淆的情况下，仍然用"餘"，只是将食字旁类推简化，写作"馀"。如文言句"余年无多"和"馀年无多"表达的意思是不一样的。至于把"余光中"写成"馀光中"，那完全是一种想当然的失误。余光中先生曾针对这种误写戏称自己是在"落日的馀光中"。

"郁达夫"不是"鬱达夫"

"郁"和"鬱"在古代是两个字，读音相同，都是yù，但意义不同。

"郁"的本义是地名，故从邑，但很早就同"彧"，义为有文采，或作明盛貌。《论语》有"郁郁乎文哉"，即为此义。"郁"还可以形容香气浓厚，如"馥郁"。"郁"又可以通"燠"，义为温暖，比如"郁热"。此外，"郁"还是姓氏，如现代作家郁达夫。

"鬱"的本义是植物丛生而茂盛的样子，如"鬱鬱园中柳"。引申出积聚、凝滞、忧愁、怨恨等义。

现在，"郁"字被选作"鬱"的简化字，"鬱鬱葱葱"中的"鬱"可以简化为"郁"。但在表示"郁"本字意义以及"郁"作为姓氏时，则不能将其繁化，比如"郁热""馥郁"不能写作"鬱热""馥鬱"，"郁达夫"也不能写成"鬱达夫"。

"御林军"不是"禦林军"

"御"和"禦"两个字古代都有，读音相同，都是yù，意义有所不同。

"御"的本义是驾驶车马，引申为驾车人，再引申出驾驭、统治、统治者等意义。

"禦"字的产生在"御"之后，意思是捍卫、抵挡、禁止等。可以通"御"。

由于读音相同、字形有关联，现在将"御"作为"禦"的简化字。但须注意的是，在需要使用繁体字的场合，并不是所有的"御"都能转换为"禦"。例如"御驾亲征""御用""御林军"，这里的"御"都是指古代的最高统治者，因此不能繁化为"禦"。"御"还是姓氏，更不能改写作"禦"。

"折断"不是"摺断"

"折"和"摺"在古代是两个不同的字，现在两个字都还存在。"摺"字简化为"折"，但在两个字的意义会发生混淆的情况下仍然保留"摺"，比如"打折"的"折"表示折扣，而"打摺"则表示将某物折叠起来。

"折"是多音字，表示翻转、倒腾时音 zhē，如"折腾"。在"手折了""棍子折了""青菜折本"时音 shé。而"折"最常见的读音为 zhé，本义是断裂，可表示弄断、弯曲、损失、夭折、回转、心服、折扣、汉字笔形等诸多含义。

相对来说，"摺"的意义要简单一些。"摺"，音 zhé，义为叠、重叠。如"摺衣服""摺尺""摺椅""摺扇"等等。亦可表示用纸折叠起来的本子，如"奏摺""存摺"。最后便是表示戏曲中的分段，杂剧一本分为四摺，一摺相当于一场。

因而，"折"作为"摺"的简化字后，只有在表示"折叠"等义时才能繁化为"摺"，其他如"挫折""折断""损兵折将""折腾""夭折""百折不挠"……都不能写作"摺"。

"中文系"不是"中文係"

"系"与"係""繫"是一组一对多的简繁对应字。"系"字本有其字，《说文》："系，繫也。"本义为连接。系、係、繫三个字本出一源，古音相同，均为 xì，义项间也颇多牵涉。

在长期使用过程中，三个字承担的功能出现一定分化。"係"偏向于更为抽象的关联，如"关係""干係"。而"繫"的语义更侧重于连接，如"联繫""维繫"等。"系"被定为"係""繫"的简化字后，相应地，"关係""维繫"简化为"关系""维系"，不再区分为不同的汉字。但是在"系"与"係""繫"的简繁转化过程中，还有一些值得注意的地方：

首先，"系"可作名词性词素，义为有一定秩序及联属关系的整体或组织，如"系统""系列""世系"以及高校中教学行政单位"中文系""历史系"等。这一意义为"系"所独有，不能繁化为"係"或"繫"。

第二，"係"可表"是"义，如"确係实情""子係中山狼"，简化后写作"确系实情""子系中山狼"。此种情况的"系"不能繁化为"繫"。

第三，"繫"还有 jì 的读音，义为打结、扣、绑等。这个"繫"也已简化为"系"，并随之读 jì，如"系围裙""把领扣系上"。此处的"系"只能繁化为"繫"，不可写成"係"。

"种师道"不是"種师道"

"种"和"種"本是两个完全不同的汉字。

"种"音 chóng，古代有两个用法。一是指幼小、稚嫩。此义后来基本不用。另一个用法就是作姓氏。如东汉有种暠，宋朝有种放、种师道。

"種"有两个常用读音。一是 zhòng，多用于动词，指种植、栽培。一是 zhǒng，用于名词，指植物的种子，还有一个义项就是指事物的类别以及表示类别的量词。

"种"被用作"種"的简化字后，唯一需要注意的就是，原来表示姓氏意义的"种"不能繁化为"種"，如"种师道"不可写作"種师道"。

"筑市"不是"築市"

"筑"和"築"两个字古代都有，但音义都不相同。

"筑"音 zhú，本义为古代一种击弦乐器。《战国策》中有高渐离击筑为荆轲送行的记载，说的就是这种乐器。另外，贵州省贵阳市的简称为"筑"。

"築"音 zhù，本义是捣土使其坚实，于是引申出建造、修盖、装填、居室等义。

由于筑这种乐器已基本不用，故现在以"筑"为"築"的简化字。须注意如遇到表示古乐器的"筑"时不可等同于"築"。在一本用繁体字出版的对外介绍的图书中，贵阳的简称"筑市"都被繁化成了"築市"，这显然是画蛇添足。

"子曰诗云"不是"子曰诗雲"

"云"和"雲"是一组古今字。

"云"的本义便是天上的云彩，浮在空中的凝结的水蒸气。后因"云"多被假借作"曰"，故在"云"上添加雨字头，从此"雲"专指云彩，而"云"则表示说义，如"古人云""人云亦云""云云"。在文言中，"云"

可作助词，如："云谁之思？"

　　现在"云"又成为"雲"的简化字，"雲彩"也写作了"云彩"，但要记住，表示说义的"云"不能多此一举地写作"雲"，"子曰诗云"不能写成"子曰诗雲"。

多音字辨读

杜咏秋

此处读甲，彼处读乙
——多音字说略

所谓多音字，是同一个汉字，有不同的读音。汉字中有不少这一类的字。有人统计，在通用规范汉字中，多音字超过了四分之一。这一方面可以让一个汉字发挥两个甚至两个以上汉字的作用，另一方面也给人们识字、用字带来了麻烦。很多读白字的错误，追究起来都是多音字惹的祸。

伊能静推出的专辑中，有一首根据苏东坡词谱曲的《念奴娇》，唱得荡气回肠。但让人没想到的是，这位"歌坛才女"竟将歌词中的"羽扇纶（guān）巾"，唱成了"羽扇 lún 巾"，在歌迷中引起了轩然大波。面对舆论的批评，伊能静立即采取了补救措施，她不仅认真补录了唱片，还在新专辑的发布会上诚恳地向苏东坡道歉，当着记者的面说："苏先生，请你原谅我。"

其实，伊能静小姐是有点冤的。唱错当然不能推卸责任，但她在录制过程中唱到这一句时，曾特地停下来，让助手查一查"纶"字的读音。助手明确地告诉她读 lún 后，她才继续往下唱。可见，问题出在助手身上。当时助手并没有查字典，只是在手机上输入了拼音"lun"，看到跳出来的字中有"纶"，就以为这个字读 lún。这位助手显然不知道"纶"是个多音字。在"羽扇纶巾"中，"纶"必须读 guān，"纶巾"是古代男子戴的配有青丝带的头巾；而 lún 是"纶"的基本读音，它有多个义项，比如指钓鱼用的丝线之类。

多音字是历史的产物。只要没有真正掌握多音字，"羽扇 lún 巾"的笑话是经常会发生的。编写这本小册子，正是为了给人们识读多音字提供一点具体的参考。为此，编写者努力做到以下两点：第一，在介绍每一个读音后，尽可能举一点典型的用例，以让读者对这个读音留下深刻的印象。第二，从每一个汉字的实际出发，提炼区分不同读音的方法，以让读者能够举一隅以三隅反，真正掌握多音字的读音规律。这样做的效果如何，还望读者朋友批评指正。

多音字辨读例析

别念错"阿弥陀佛"
——阿：ā、ē

电视剧《西游记》中，"阿弥陀佛"被念成了"ā弥陀佛"，引起观众一片哗然。

阿，《说文解字》说："大陵也。"它的本义是大山，读音为ē。陶渊明有一句名诗："死去何所道，托体同山阿。"这里的"山阿"就要读成"山ē"。古代地名中有"阿"字的，同样要读成ē，如山东的"东阿"，那里的"阿井"以及特产"阿胶"，自然读ē无疑。

"阿"由山陵引申指山、水弯曲的地方，古书中有大量用例。后来，檐廊的弯曲、庭院的弯曲，都可称"阿"。在成语"刚正不阿""阿谀逢迎"中，"阿"同样是指弯曲——精神的弯曲。义为弯曲的"阿"，读音均为"ē"。

"阿"的另一个读音ā，主要有两个用途。一是用作名词前缀，或附着在亲属称谓前面，如"阿爷""阿姐"，或附着在姓名前面，如"阿王""阿毛"，或附着在排行前面，如"阿三""阿六"，构成不同的称谓词，有亲切的意味。二是用于翻译，如"阿拉伯""阿尔及利亚""阿门""阿司匹林"……"阿"是一个特别活跃的译音用字。

佛经中的"阿弥陀佛"，因为是早期的音译词，"阿"仍保留着 ē 的读音。这是音译词中的唯一特例。《西游记》念错了"阿弥陀佛"，让人听起来有点别扭。

"挨"读 ái 时有点难挨
——挨：āi、ái

《现代汉语规范词典》在"挨"字条下有个提示："读 āi，表示靠着、一个紧挨着一个；读 ái，表示遭受、忍受，如'挨打受骂'。"这个提示是说得很到位的。

读 āi 的"挨"，描绘的是一种客观情况。它表示在空间上距离很小或没有距离，如"小张挨着小李坐下"；由此引申出依次的意思，如"挨家挨户通知""挨个儿登记"。

读 ái 的"挨"，表现的是一种心理感受。凡是用得上"挨"（ái）的，都是内心拒绝的，是勉强忍受的，或是故意拖延的。如"挨饿""挨批""挨埋怨"或"挨到天明""挨到解放"。这个"挨"是有点难挨的。

王安石人称"拗相公"
——拗：ǎo、ào、niù

宋代的王安石被称为"改革家"，但他的改革并不顺利。《警世通言》有一篇《拗相公饮恨半山堂》，开头就说："因他的性子执拗，主意一定，佛菩萨也劝他不转，人皆呼为拗相公。"可见"拗相公"是一个"恶谥"。

那么，"拗相公"的"拗"字怎么读呢？

"拗"读音为 ǎo 时，是一个动词。这个动作可使拗的对象断裂或者变形。如"拗断竹竿""拗断关系"。《说文解字》释"拗"时说："手拉也。"以手折弯、折断是"拗"的本义。鲁迅在《从百草园到三味书屋》里写寿镜吾先生："读到这里，他总是微笑起来，而且将头仰起，摇着，向后面拗过去，拗过去。"这里的"拗"字同样是折的意思，应该读 ǎo。

"拗"读音为 ào 时，义为不从或者不顺。不从是动词，强调的是违反、对抗，《水浒传》第一〇四回："平时一家都怕他的，虽是段太公也不敢拗他，所以这件事一说便成。"不顺是形容词，强调的是别扭、难受，比如文字不顺便称"拗口"，文字作品中有特意设计的"拗口令"，旧诗写作中也有不太合常格的"拗字""拗句"。

"拗"读音为 niù 时，强调的是性格上的固执、偏犟、不随和、不驯服。凡是性格执拗的人，不容易和别人合作。

这一义项本是形容词，但也可以用作动词，指有意向相反的方向扭转，如"拗不过他"，意思便是扳不过来。

"拗相公"的"拗"，当然应该读 niù。

想起了"周扒皮"
——扒：bā、pá

凡是读过《半夜鸡叫》的人，都会记得"周扒皮"的形象。遗憾的是，有人把"周扒皮"的"扒"读成了 pá，这是读错了音。

"扒"是提手旁，说明和手的动作有关。不同的读音表示不同的动作。

读音为 bā 时，义为紧紧地抓住，如"扒在墙头上"。也指用力撕、拉、刨、挖，如"扒篱笆""扒房子"，铁道游击队"扒火车""扒铁路"。还可以指强行剥掉，如"扒去衣服""扒掉伪装"，"周扒皮"的"扒"自然也应该读 bā，"扒皮抽筋"的意思。

和读 bā 的大动作、硬动作不同，当读音为 pá 时，动作要小一点、轻一点。如用手或耙子之类"扒草""扒树叶"。小偷在行窃时，动作也是轻微的，所以他们被称为"扒手"。"扒"还特指一种烹饪方法，半熟的原料在锅里慢慢地小火炖烂收汁，如"扒鸡""扒羊肉"。

别把"炮制"误为"泡制"

——炮：bāo、páo、pào

"如法炮制"是一个成语，有人把"炮"读成了 pào。读音错误又容易导致用字错误，"如法炮制"往往成了"如法泡制"。

"炮"怎么读？首先可以按照词性不同，分为两个系列：名词读 pào，动词读 páo 或 bāo。用作名词的"炮"，指的是一种重型射击武器，凡是和这种武器有关的都读 pào，如"炮台""炮击""炮手""炮楼"等。燃放的爆竹之类，声音有炮的某种特点，民间称之为"鞭炮"。

那么，动词的两个读音怎么区分呢？在现代汉语中，根据用途的不同，也可分为两个系列：制作药材读 páo。所谓"炮制"就是把生药放在高温铁锅中炒制，使其焦黄爆裂，所以"如法炮制"不能读成"如法 pào 制"。制作菜肴则读 bāo，这是一种旺火急炒的烹饪方法，如"炮腰花""炮羊肉"。

有目标才有"奔头"

——奔：bēn、bèn

"奔"的两个读音，表现在声调不同，一个读 bēn，一个读 bèn。

"奔"读 bēn 时，强调的是速度。"奔"是个会意字，上面是甩手快跑的人，下面是三个"止"，也就是三个脚，表示撒开脚丫疾走。所以，"奔腾""奔驰""狂奔""飞奔"，凡是和速度有关的"奔"都读 bēn。

"奔"读 bèn 时，强调的是目标。"投奔"，不用说是有目标的。"奔头"，显然心里也有了方向。"大路奔东""小河奔西""奔向小康""奔向未来"：凡是和目标有关的，"奔"都读 bèn。"奔七十的人"，年龄也是目标，同样应该读 bèn。

要特别提醒一下的是，"奔命"有两种不同的读法。在成语"疲于奔命"中，表示奉命东奔西走，强调的是一刻不停，读 bēn；在为什么奔命，比如"为公司上市奔命"中，则有了一个明确的目标，读 bèn。

孙悟空叫猪八戒"夯货"
——夯：bèn、hāng

古典名著《西游记》，曾多次拍成电视剧，无论是新版还是旧版，孙悟空都曾叫猪八戒"夯货"，剧中演员把"夯"读成了 hāng，引起了观众的议论。

不错，"夯"是有 hāng 的读音的。"夯"是一个充满力量的字，它由"大、力"组成，其本义是用力举东西。

我们今天常用的义项，是由本义引申出来的。它既可以指夯平地基的用具，也可以指打夯时的动作。凡是和"夯"有关的，无论是"夯具"还是"夯歌"，是"夯平"还是"夯实"，"夯"字一律读 hāng。

然而，"夯货"的"夯"不读 hāng。它是由"夯"的笨重、粗实引申出来的另一义项：呆拙。它的读音就是 bèn。这一用法多见于古代的白话作品，如《西游记》中有"夯货"，《红楼梦》中有"夯嘴夯舌"，《儒林外史》中有"小儿蠢夯"。凡是用"夯"作形容词，形容智力欠缺的，读 bèn。

"秘鲁"读音的来历
——秘：bì、mì

"秘"在历史上，既是姓氏用字"苾"的异体字，又是"神祕"的"祕（示字旁）"的借用字。因为"苾"的读音是 bì，"祕"的读音是 mì，所以，"秘"便有了 bì、mì 两个读音。

在现代汉语中，bì 的读音只有两个用途：一个是用于国家译名秘鲁；一个是用于姓氏，如西汉有秘彭祖，明代有秘自谦。秘鲁的读音是怎么来的呢？据说是十五六世纪西班牙殖民者入侵南美洲时，发现了一块不知名的陆地，便向当地的土著打听。土著以为是问河的名称，便告诉了他们叫"bilu"，入侵者听成是"peru"，一直沿用至今。无论是 bi 还是 pe，其声母都是辅音中的塞音，"秘"作为译名用字应该读 bì。

除此之外，"秘"一律读 mì。无论是"秘传""秘方"，还是"神秘""奥秘"，概无例外。需要特别指出的是，"便秘"一词中的"秘"，曾经读过 bì 音，至今仍有影响，但根据《普通话异读词审音表》，正确的读音是 mì。

"辟谷"无关开辟
——辟：bì、pì

有位朋友迷上了气功，开口"辟谷"，闭口"辟谷"，但他把"辟"字读成了 pì，仿佛要开辟山川河谷似的，听来有点滑稽。其实，"辟谷"的"辟"应该读 bì。

在现代汉语中，"辟"读 bì 音的机会并不多。最常用的是"复辟"一词，这里的"辟"是用来指代君王的，所谓"复辟"，就是被推倒的君王卷土重来。当然，也可以泛指旧制度或旧规矩的复活。"辟"还可以指封建社会的征召或举荐，如"征辟"。除了以上两种用法，用得多的就数"辟谷"和"辟邪"了。这里的"辟"义为扫除或排除。由此可见，"辟"读 bì 音，带有浓厚的古代色彩。

"辟"的另一个读音是 pì，本指古代的刑罚，后引申指法律、法度。在现代汉语中，又成了"闢"的简化字。"闢"的本义是开启门户，因为打开而显得透明，因为打开必有所屏除，所以可以构成"开辟""透辟""辟谣"等词语，其中的"辟"理应读 pì。

北京有家"便宜坊"
——便：biàn、pián

"便宜坊"是北京的一家烤鸭店。有次和年轻同事一起出差，到这家店里品尝过烤鸭。年轻同事好奇地问："店里的烤鸭并不便宜，怎么取名为便宜坊呢？"我告诉他说，老北京把这个"便"字读成 biàn，"便宜"是"方便适宜"的意思，据说这两个字还是古代一代大人物给取的呢。

"便"读 pián，本义为安适。心安自然体胖，所以"大腹便便"的"便"读 pián。另一个义项指价格低，这就是通常说的"便宜货"的"便"，价格低自然对买家有利，所以可以指好处。俗话说"得了便宜还卖乖"，"便宜"当为好处无疑。"便宜了那小子"，则是把名词用作了动词。

"便"读 biàn，意思是顺手。"便当""便利""得便""就便"等等，都有顺手的意思。书面语中常用的"便宜行事"，实际上就是希望根据具体情况自行处理事务，怎么顺手怎么处理。这些词语中的"便"应该读 biàn。

想起了《大藏经》

——藏：cáng、zàng

辨析"藏"字的读音，从理论上来说，没有多大的难度。"藏"为动词时，读音为 cáng，义为"隐藏""保藏""埋藏""珍藏"；"藏"为名词时，读音为 zàng，义为收藏的东西，或收藏的地方，最常用的便是"宝藏"一词。然而，运用到具体词语，还是会出洋相。最常见的有两个例子。

一是"大藏经"。正如"道藏"是道教经典的总称一样，"大藏经"是佛教经典的总称，而且是一切文种的佛教经典的总称，所以冠之以"大"。这里的"藏"是仓库的意思，按照上面提到的区分方法，"藏"字应该读 zàng。可是，经常听到有人把"大藏经"念成"大 cáng 经"。

另一个是"矿藏"。"宝藏"的"藏"读 zàng，有人依此类推，把"矿藏"的"藏"也读 zàng。不错，"矿藏"是一个名词，指地下埋藏的各种各样的矿产资源，但从构词来说，它是一个主谓结构的词语，"矿藏"就是"矿产储存"，这个"藏"字只能读 cáng。

有部电影叫《古刹钟声》

—— 刹：chà、shā

当年有部反特电影，名字叫《古刹钟声》。"刹"字正确的读音是 chà，不少人读成了 shā，至今影响犹存。

"刹"作为梵语的译音用字，主要有两个用途：一是用于佛教建筑，本指佛塔顶部的装饰，或者指寺庙前的幡杆，后来词义扩大指整个寺庙；一是用于"刹那"一词，表示梵语中的一瞬间，"弹指一挥间"极言时间之短，但"一刹那"只有"一弹指"的六十五分之一。以上两种用途，"刹"的读音均为 chà。

"刹"还有动词用法，义为止住，如"刹车""刹闸"。作为动词，"刹"的读音是 shā。

听不尽的"口头禅"

—— 禅：chán、shàn

"禅"有 shàn、chán 二读，读 shàn 还是读 chán，关键是看和谁有关。

凡是和封建帝王有关的，一律读 shàn。比如"封禅"，指帝王祭天地大礼；"禅让"指帝王不再主持禅祭，让位给贤者；"禅位"即把帝位传给自己的继承人……

凡是和佛教有关的，一律读 chán。"禅"的这一读音，是东汉以后开始翻译佛经时才有的。它本是"禅那"的读音省略。无论是"禅师""禅房""禅门""禅学"之类的名词，还是"参禅""坐禅""打禅""悟禅"之类的动词，其中的"禅"都以 chán 为规范读音。

人们常说的"口头禅"，通常是指口头表达中的一些无实际意义的词语，似乎与"禅"无关，但它是从某些禅师空谈禅理而并不实行来的，所以"禅"字仍应读 chán。

"千乘万骑西南行"

——乘：chéng、shèng

白居易《长恨歌》中有这样的句子："九重城阙烟尘生，千乘万骑西南行。"这里的"乘"应该读什么呢？

"乘"是一个常用字，基本读音是 chéng。它可以用作动词，如"乘火车""乘飞机"；也可以用作名词，如佛教中的"大乘""小乘"；还可以用作介词，如"乘虚而入""乘胜前进"。凡是读 chéng 的"乘"，在现代汉语中是相当活跃的。

"乘"还有另外一个读音：shèng，它只见于古代汉语。一是用作量词，古代把四匹马拉一辆车称为一乘，所以有"千乘之国""万乘之国"的说法。白居易的"千乘万骑西南行"，当然应该读 shèng。一是用作名词，指史书。春秋时期晋国的史书叫"乘"，后来泛指一般史书，如"史乘""野乘"。

"臭"到底是什么味

——臭：chòu、xiù

"臭"是一个很奇怪的字。它既可以泛指气味，也可以专指和"香"相对的恶味。用于前者读 xiù，用于后者读 chòu。究竟读什么音，要根据具体语境来定。

比如，"空气是一种无色无臭的气体"，这很容易判断，"臭"应该读 xiù。"乳臭未干"的"臭"呢？有人读成了 chòu，其实它指的是奶味，非但不"chòu"，还有点特殊的香气呢，理应读 xiù。最难判断的是"铜臭"，它在语言表达中是否定的对象，于是有人下意识把"臭"读成了 chòu，但客观地说，铜散发的并非"chòu"味，还是应该读 xiù。

凡是读 chòu，这个"臭"总是比较具体的，会让人不由得皱起眉头的。所以，以"臭"字为谜底的灯谜说："只为自大一点，惹得人人讨厌。"比如，"入芝兰之室，久而不闻其香；入鲍鱼之肆，久而不闻其臭"。这里的"臭"和"香"相对，说的是"鲍鱼"即咸鱼的气味，是应该归在恶味一类的。再如，"朱门酒肉臭，路有冻死骨"，这个"臭"字的读法，长期存在争议。其实，就酒肉本身来说，当然不一定是 chòu 的，但读成 chòu，显然更能表现出尖锐的阶级对立。

"畜养"和"牲畜"
——畜：chù、xù

"畜"既可读 xù，也可读 chù。这两个读音怎么区分呢？关键是看词性。

"畜"作动词时，它的词义是畜养，读音为 xù。这个字在甲骨文中，上面是丝，下面是田。丝代表衣，田代表食，以此表示家有积存，衣食无忧。可见，"畜"就是储蓄的"蓄"的最初用字。畜养禽兽是古人的一种常见的积存方式，因此，"畜"引申出畜养义，凡用这一意义构成的词，其中的"畜"都读 xù，如"畜养""畜牧""畜产"。

"畜"作名词时，指的是畜养的对象，读音为 chù。广义的"畜"包括家禽，但通常主要指马、牛、羊、兔之类，如"牲畜""耕畜""种畜"，其中的"畜"都读 chù。和牲畜有关的词，如"畜肥""畜力""畜疫"，其中的"畜"自然也读 chù。

小心"脑卒中"
——卒：cù、zú

"脑卒中"是重症名，多由脑血栓、脑出血引起。发病来势很凶，并且会造成截瘫甚至死亡的后果。从健康角度，要小心"脑卒中"；从识字角度，同样要小心"脑卒中"。"脑卒中"的"卒"字是很容易读错的。

卒，通常读 zú，本义指古代差役人员穿的有特定标记的衣服，后来便指穿这种衣服的差役人员，故有"贩夫走卒"之说。引申可指在部队中处于底层的步兵。因差役是末等公民，"卒"又有动词义，指终了、完毕，《诗经》中有"无衣无褐，何以卒岁"句；还可指死亡，如灯谜"刘邦开心，刘备伤心"，猜一个字，谜底是"翠"。"翠"是由"羽""卒"构成的，可理解为项羽、关羽死亡。

而"脑卒中"的"卒"不读 zú，应该读 cù。读 cù 的"卒"通"猝"，表示急促、突然的意思。"猝不及防"从规范角度，不宜写成"卒不及防"；而"脑卒中"是个定型词，也不宜写成"脑猝中"。不过，一定要正确掌握"卒"字的读音。

一样"攒钱"两样读

—— 攒：cuán、zǎn

同样一个词语"攒钱"，却有两种不同的读法：有时读作"cuán 钱"，有时读作"zǎn 钱"。这是为什么呢？因为它们表达的意思不同。

"攒"读 cuán 时，指聚集、拼凑。所谓"攒钱"就是大家一起凑钱，如"班级里攒钱搞毕业聚餐"。当然，和钱无关，只要是聚集、拼凑，也可用"攒"。如："街上人头攒动"——义为街上人流如潮，因聚集而显得拥挤；"他感到万箭攒心"——义为深受打击，好比无数支箭集中射到自己的心里。这里的"攒"都应读 cuán。

"攒"读 zǎn 时，是指积累、贮存。所谓"攒钱"就把钱慢慢积存起来，如"他一心攒钱买房"。这和前面的大伙儿凑份子，显然不是一回事。

还记得"一撮毛"吗

—— 撮：cuō、zuǒ

年龄稍大的人都看过《智取威虎山》。戏里有个栾副官栾平，外号"一撮毛"。这里的"撮"字正确读音是 zuǒ，但不少人读成了 cuō。结果，"一 zuǒ 毛"变成了"一 cuō 毛"。

不错，"撮"的常用读音是 cuō。它可以用作动词，义项还相当丰富。比如：用手指捏取细碎的东西——撮点儿盐；用器具把散碎的东西收集起来——用畚箕撮炉灰；摘取要点——撮要；设法聚拢——撮合；等等。"撮"还可以用作量词，指用手指捏取的极小的量，如"一撮糖"。我们把坏人称为"一撮"，那是一个比喻的说法。

同样作为量词，"撮"还有另一个读音：zuǒ。这个量词专用于指丛生的毛发，如"一撮头发""一撮胡须""一撮刘海"，正因为此，"一撮毛"不可以读成"一 cuō 毛"。当然，具有毛发特点的成束的东西也可以用"撮"，如"一撮韭菜""一撮嫩草"。

"度"可以是一种内心活动
——度：dù、duó

"度"的用途很广：可以用于动词，如"度假""度日"；也可以用于名词，如"温度""风度"；还可以用于量词，如"一年一度秋风劲""几度风雨几度春秋"。但"度"的不同读音，只出现于动词，和名词、量词无关。

名词、量词中的"度",一律读 dù。

考察一下汉字的历史,可知"度"的本义是测量。凡测量总是从这一端到那一端,"度"由此引申出了通过、经过的意思。测量开始要用工具,积累经验以后,即使不用工具,也能大致猜测到长短,"度"由此又引申出了揣测、估算的意思。动词"度"的不同读音,正和这两个意义系列有关。

用于前一个意义系列,它的读音是 dù,如"欢度春节""暗度陈仓"。这个读音和名词、量词一致。用于后一个意义系列,它的读音是 duó,如"以己度人""度德量力"以及俗语中的"以小人之心度君子之腹"等等。如果说前一个"度"字的意义是客观的,那么后一个"度"字的意义则是主观的,它表达的是一种内心活动。

大囤满,小囤流

——囤:dùn、tún

1949 年之前,北方地区不少人取名叫"满囤",这恐怕和饥饿的生活经历有关。如今,农村发生了天翻地覆的变化,大囤满,小囤流,叫"满囤"的人已屈指可数。可说到"囤"这个字,缺乏农村生活经验的人,恐怕还不一定读得准呢。某电视台的主持人,就曾把"粮囤"

读成"粮 tún"。

"囤"有 dùn、tún 二音。用作名词时读 dùn，指用竹篾、荆条或芦席等材料围成的储存粮食的设备。即使在今天，仍有不少地区农民家里备有大囤小囤，"满囤"就是囤里堆满粮食，这样才能保证吃饱肚子。

读 tún 是动词，意思是储存。这一义项是从名词来的。开始仅指储存粮食，后来则不限粮食，比如投机商人"囤积居奇"，什么赚钱便"囤"什么。今天开网店的人，没有不懂得"囤货"的。

"否"不都是"否定"
——否：fǒu、pǐ

"否"是一个常用字。"是否"——"是"表示肯定，"否"表示否定，没听到有人读错这个"否"字。也许"否"的这一用法给人印象太深了吧，有人误以为凡"否"字读音都为 fǒu。其实不是。

有个成语叫"否极泰来"。这里的"否"和"泰"都是《易经》中的卦名。"否"的卦形是乾在上，坤在下；"泰"的卦形正好相反，坤在上，乾在下。否卦表示天地不交，上下阻隔，所以有坏、恶的意思；泰卦则是天气向下、地气上升，有安宁、通达的意思。所谓"否极泰来"，即坏到极处，事物会向好的方面转化。《易经》中的卦名"否"应该读 pǐ 而不是 fǒu。

由否卦的恶、坏意思引申，"否"可指贬低、贬损，如"臧否人物"。"臧"是褒扬，"否"是贬抑。这里的"否"，同样应该读 pǐ 而不是 fǒu。

一身洋气的"伽"

——伽：gā、jiā、qié

"伽"这个字，无论是读音还是字形，总让人觉得洋气十足。事实也是如此，它似乎是一个专用音译字。

"伽"的第一个读音是 qié，用于"伽蓝"一词。"伽蓝"是梵语僧伽蓝摩的略称，本义是僧众居住的庭院，所以后来佛寺便称为"伽蓝"。可惜，经常有人把北魏杨衒之的名篇《洛阳伽蓝记》读成《洛阳 gā 蓝记》。

"伽"的第二个读音是 jiā，它有两个用途，一是用于意大利科学家的名字"伽利略"，二是用于朝鲜乐器"伽倻琴"。无论是伽利略还是伽倻琴，在我国都具有很高的知名度，可惜在接触到这两个名词时，读 jiā 的人不多，读 gā 的人倒不少。

"伽"的第三个读音才是 gā，用于科学名词"伽马射线"。"伽马"是希腊字母 γ 的音译。也许因为人们经常听到"伽马"的缘故，读错的人不多；但也不能因为熟悉"伽马"，看到"伽"都读 gā。

别"轧"错了朋友

——轧：gá、yà、zhá

"轧"是一个形声字，从车乙声。它表现的是一个动态概念——滚动着往下压。城市里用机器轧路，农村里用碌碡轧场，用的就是这个"轧"字。引申可指人和人之间排挤、算计，如"倾轧"。还可用来形容机器的声音，如"缝纫机轧轧地响着"。表示以上意思都读 yà。

"轧"的另一个读音 zhá，专用于压制钢坯。"轧钢"就是把钢坯压制成一定形状和规格的钢材；"轧机"是轧钢用的机器；"轧辊"则是轧机上的主要装置。

"轧"还有一个读音 gá，见于方言。如交朋友叫"轧朋友"，财务核账叫"轧账"，马路上摩肩接踵叫"人轧人"，挤公交车叫"轧车子"。如果你是上海人，听到这个"轧（gá）"字，一定分外亲切吧。

用手举还是用肩承？

——扛：gāng、káng

"扛"是一个动词，它有 gāng、káng 两个读音。

究竟读哪个音，关键是看这个动作是靠手发力还是靠肩承载。

凡是用双手向上举的，读 gāng。成语"力能扛鼎"，说的是西楚霸王项羽"力拔山兮气盖世"，能够用双手把"鼎"这样的庞然大物举过头顶，这里的"扛"读 gāng。在某些方言中，"扛"还可指两人或多人抬东西，如"把石狮子扛起来"，这里的"扛"也读 gāng。抬东西的毛竹筒，当地便称为"扛棒"。

凡是用肩膀承载物体，读 káng。可以实指，如扛枪、扛锄、扛麻袋、扛行李；也可以虚指，如"天大的责任，我一个人来扛"。

"巷道"不是街道
——巷：hàng、xiàng

媒体上关于矿区的报道，常会提到"巷道"一词。有人把"巷道"念成了"xiàng 道"，这是读错了音。

"巷"是一个会意字，上面是个"共"字，下面部分已经变形，在古文中是街道。"巷"即共有的街道。所以，在组词时，"巷"经常和"街"并称，如"大街小巷""街头巷尾"。北京人说的"胡同"，上海人说的"弄堂"，都是典型的巷。"巷"表示这一意思时，读音为 xiàng。

"巷"还有一个特殊用途，指矿区的坑道。它是供矿区作业时通行、运输、通风、排水用的。因为具有街道的特点，所以称之为"巷"；但"巷道"不是街道，这里的"巷"应该读 hàng，而不是 xiàng。

吴斌遭遇"飞来横祸"

——横：héng、hèng

长途客运司机吴斌在遭遇铁块袭击、肝脏破裂的情况下，以极大的毅力完成停车动作，保证了乘客的安全，被誉为"最美司机""平民英雄"。某电视台在报道吴斌事迹时，用到了"飞来横祸"这一成语，主持人开始把"横"字读成了 héng，后来又改口读成了 hèng。究竟哪个是正确的呢？

"横"确实有 héng、hèng 两个读音。凡是在方向上和竖、直相对的，读音均为 héng，如"横行道""横切面""横冲直撞""横七竖八"。凡是意外的、不吉利的，读音均为 hèng，如意外得到的钱财称为横财，非正常死亡称为横死。"飞来横祸"是指莫名其妙遭到的灾祸，"横"自应读 hèng。

"横"无论是读 héng 还是读 hèng，都可以指粗暴、凶狠、不讲道理。怎么区分呢？其差别在于：读 héng 用于成语和文言词语，如"横行霸道""横征暴敛"；读hèng用于一般词语，特别是单用的时候，如"蛮横""强横""这个人说话真横"。

"解铃还须系铃人"

——系：jì、xì

"解铃还须系铃人"是句老话。这句话里的"系"读xì还是读jì，长期争论不休。不少人认为应该读jì，理由是"系铃"的"系"是个打结的动作。这说明他们对"系"还缺乏全面的理解。

"系"读xì时，表达的意思是十分丰富的。其本义指悬挂，引申可指拴结、绑缚、维系、关联、惦念、羁绊、扣押……由此可知，不仅平时常说的"心系百家""情系民生"的"系"应该读xì，"系马边关""长绳系日"的"系"同样应该读xì。

而jì是"系"的口语读音，它确实有拴、结的意思，但只用于一些生活性的动作中。比如，"系鞋带""系红领巾""系纽扣""系蝴蝶结"等等，至多是"系缆绳""系篷索"，总之，不但是现实的，而且是具体的。

且回到"解铃还须系铃人"。据宋惠洪《林间集》记载："法灯泰钦禅师少解悟，然未为人知，独法眼禅师深奇之。一日法眼问大众曰：'虎项下金铃，何人解得？'众无以对。泰钦适之，法眼举前语问之，泰钦曰：'大众何不道：系者解得。'"读完这段便知：法眼说的是禅，和日常生活无关；何况，这里的"系"是悬挂的意思，怎么能读 jì 呢？

不少演员误读"角色"
——角：jiǎo、jué

所谓"角色"，指的是剧中的人物，不少演员能把角色演得活灵活现，却不一定能读准"角色"二字。你没听到有些演员在谈创作体会时，开口闭口读的都是"jiǎo 色"吗？

这个字是可以读 jiǎo 的，它是一个象形字，本义指野兽的角。引申可指类似角的东西，如豆角、菱角。或者泛指具有角的特征的东西，如建筑上的屋角、墙角，几何学中的直角、钝角。还有，人民币中的辅币"角"和"分"的"角"也读 jiǎo。

"角色"的"角"可不读 jiǎo，它的正确读音是 jué。凡是和戏剧表演有关的都读 jué，如主角、配角、旦角、丑角、名角、红角，唯有一个例外，就是"独角戏"的"角"仍旧读 jiǎo。此外，读 jué 的还有古代类似爵的酒具"角"，以及音乐用语"宫商角徵羽"中的"角"。

读 jué 的"角",不仅可以用作名词,还可以用作动词。这可能和角本是野兽的"战斗武器"有关。常用词有角斗、角力、角逐等等。"口角"一词,如果是名词,自应读 jiǎo,如"口角流涎";如果是动词呢,毫无疑问,应该读 jué,如"发生口角"。

今人不识"校场口"

——校:jiào、xiào

上海有"旧校场路",北京有"校场口"。这里的"校场",都是指历史上的比武场或演兵场,"校"的正确读音是 jiào。可能因为历史正在离我们远去吧,有人把"校"读成了 xiào,北京的公交车报站曾干脆把"校场口"报成了"xiào 场口",叫人听了有点遗憾。

"校"读音为 jiào 时,本义是刑具。刑具的功能在强制囚犯的动作,由此引申出考订、校正、比较等义。"校场"的"校"说的就是比较、较量。"校"的这些引申义都是动词义,可见"校"用作动词时,应该读 jiào。出版有"校对"这一环节,有人把"校对"读成"xiào 对",同样读得不对。

"校"还可以用作名词,读音为 xiào。主要有两个义项：一是指学习的机构或场所；二是指现代军衔的一种级别，如"少校""上校"。

倪萍曾为"哨卡"道歉

——卡：kǎ、qiǎ

"哨卡"的"卡"，正确的读音是 qiǎ，中央电视台的主持人倪萍误读成了 kǎ。观众指出以后，倪萍曾公开在荧屏上道歉。这体现了她为人的坦率和对职业的敬重。

"卡"是一个非常有趣的字，由"上、下"组成，但看上去不上不下，所以它的本义指为警戒或收费而设立的特殊处所，如道卡、关卡、哨卡。这里的"卡"字念 qiǎ。由这一本义出发，可引申出夹住、控制、阻拦等等一系列动词意义，如"卡壳""卡带""卡脖子"。这些词中的"卡"字毫无例外要求读 qiǎ。

"卡"什么时候念 kǎ 呢？

当"卡"作为音译用字时，它的读音是 kǎ。老一点的比如"卡车""卡片""卡介苗""卡宾枪"，新一点的比如"卡路里""卡丁车""卡通片""卡拉 OK"，这些词中的"卡"都是从外语读音来的，和"卡"的本义无关。

"不亦乐乎"是一道坎

——乐：lè、yào、yuè

《论语·学而》中说："有朋自远方来，不亦乐乎？"这是一句被反复引用的孔夫子名言。可你知道吗，"不亦乐乎"是读音的一道坎，不少名家被它绊倒过呢。

"乐"是一个名副其实的多音字，常用的读音便有三个，分别是 yuè、lè 和 yào。

读音为 yuè 时，"乐"用作名词，指乐器、音乐，如"鼓乐齐鸣"。

读音为 lè 时，"乐"用作形容词，指愉快、高兴，如"有朋自远方来，不亦乐乎"。有人把"乐"读成了 yuè，显然是受到了《论语》中前一句话的影响。《论语·学而》中的原文是："学而时习之，不亦说乎？有朋自远方来，不亦乐乎？人不知而不愠，不亦君子乎？""不亦说乎"中的"说"通"悦"，有人把它张冠李戴，扯到了"不亦乐乎"上了。

读音为 yào 时，"乐"用作动词，指喜好、爱好，用于"智者乐水，仁者乐山"。自北宋开始，这个读音便固定下来，一直传承至今。

唯有"里弄"不同声

—— 弄：lòng、nòng

南方人学普通话，有些人 n、l 不分。"弄"的两个读音，正巧一个是 nòng，一个是 lòng，难怪有些人压根儿没意识到"弄"是一个多音字。

从"弄"的字形来看，上面是一块玉，下面是一双手，它的本义是把玩的意思。这一意义的读音为 nòng。"弄"的动词意义十分丰富，可以指玩耍、游戏、打扮、修饰、施展、从事……这些意义都是从把玩引申而来的。凡是动词意义的"弄"，读音一律为 nòng。

也许因为演奏可以称"弄"，如"弄琴""弄曲"，"弄"于是用作名词指乐曲，如《江南弄》；还可以用作量词，指乐曲的一段或一支，如《梅花三弄》。即使是用于音乐，"弄"读音仍然是 nòng。

可见，nòng 是"弄"的基本读音。唯有一个例外，就是当"弄"指巷子或胡同时，读音为 lòng，如"里弄""弄堂"。读者朋友可要弄弄清楚。

该"露一手"就"露一手"

—— 露：lòu、lù

"露"是一个形声兼会意字，本义指露水。"叶低知露密，崖断识云重"，因为露结在野外，由此引申出没有遮盖的意思，如"露天""露营"。没有遮盖，自然容易显现出来，所以"露"可以构成"袒胸露臂""藏头露尾"等词语。

"露"作为名词，读音为 lù，如"朝露""雨露""果子露""玫瑰露"。作为动词呢，则有文白两读：文读为 lù，白读为 lòu。凡文读，均为结构紧密的复音词或定型的成语，如"流露""暴露""揭露""披露"以及"抛头露面""崭露头角""不露声色"等等。凡白读，往往是单用一个"露"字，如"露了底""露了脸"；或者有明显的口语色彩，如"露风""露馅""露一手""露马脚"等等。

文读和白读是历史形成的，该白读时就白读，别把"露一手"读成"lù 一手"。

"绿林好汉"源自"绿林山"
——绿：lù、lǜ

根据《普通话异读词审音表》，"绿"有文、白两读：文读 lù，白读 lǜ。

文读保留在少数历史词语中。主要有三个：一是"绿林"，本为山名。西汉末年，王匡、王凤等在绿林山聚众起义，号称"绿林军"。后用"绿林"泛指聚集山林反抗官府或打家劫舍的武装人员，如"绿林豪杰""绿林好汉"。二是"绿营"，指清代八旗以外，由汉人组成的分驻在地方的武装力量，因用绿旗做标志而得名。三是"鸭绿江"，古称坝水，因江水青绿如鸭头，于唐代改称鸭绿江。

除以上三例"绿"按文读读 lù 外，其他读 lǜ。无论是"桃红柳绿""青山绿水"，还是"春风又绿江南岸""春来江水绿如蓝"，概无例外。

抹桌子、抹眼泪、抹墙头

——抹：mā、mǒ、mò

"抹"多用作动词，读音不同，所指动作不同。

"抹"读 mā 时，义为用手按着慢慢移动。比如，用一块布在桌子上按着擦拭，那就是"抹桌子"，这块布也叫"抹布"。用手按着镯子慢慢转动从手腕上除下来，那就是"抹镯子"。用手按着头发稍作整理，那就是"抹头发"。还可用作比喻，如"只因见钱眼开，他的官儿被抹了"。

"抹"读 mǒ 时，义为轻轻地涂抹。它既可以指涂上，如"抹胭脂""抹药膏"；也可以指擦去，如"把眼泪抹干""把名字抹掉"。这一义项可以虚化，如"抹黑""抹杀",前者指涂上,后者指擦去。"抹"会留下痕迹,所以"抹"还可用作量词,如"一抹红霞"。

"抹"读 mò 时,相对来说,力度较大,义为用工具把泥灰等材料涂上并弄平,如"抹墙头""抹水泥地"。还可指擦着边绕过去,如"拐弯抹角"。

别误了莘莘学子

—— 莘:shēn、xīn

也许是社会关注教育吧,"莘莘学子"这一词语的见报率很高,但经常有人把"莘莘"读成了"xīnxīn",在读音上出了洋相。

"莘"读 xīn 时,有两个用途。一是用于"细莘"——这是一种中药材的名称;一是用于地名,如上海有一个地方名叫"莘庄"。

"莘"的另一个读音是 shēn。它既可以单用,形容长的样子,如《诗经·鱼藻》中的句子:"鱼在在藻,有莘其尾。""有莘其尾"就是鱼的尾巴很长。"莘"还可以叠用,构成"莘莘"一词,表示众多的意思。"莘莘学子"指的是学生群体,说成"一个莘莘学子",那是搭配不当。

"数来数去数不清"

——数：shǔ、shù、shuò

"天上星，亮晶晶，数来数去数不清。"——这是小时候读的儿歌。

凡是动词，"数"读作 shǔ，义为计算、清点。少则"屈指可数"，多则"不可胜数"。

由计算引申指列举，如"数说""数落"。列举的过程自然也是比较的过程，"数"也可以用于评价的语境，如毛泽东的"数风流人物，还看今朝"。

凡是名词，"数"读作 shù，指具体数目。这是一个量的概念，是动词数的结果，如"不计其数""心中有数"。也可用于一切和数目有关的词语，如"正数""负数""整数""分数""奇数""偶数""约数""小数"……"数"和术数有关，因此又可用于一些具有特殊色彩的词语，如"气数已尽""劫数难逃"。

"数"还可以读 shuò，用作副词或形容词。副词相当于"屡次"，如"数见不鲜"。形容词现多用于中医，指一种频率高的脉象。

读音最混乱的词——"说服"

——说：shuì、shuō

当代读音最混乱的词，恐怕非"说服"莫属。不仅港台和大陆的读音不一样，港台读"shuì服"，大陆读"shuō服"；而且在港台的影响下，大陆也由一致走向分歧，这家电视台读 shuō，那家电视台读 shuì，这位主持人读 shuō，那位主持人读 shuì，让观众无所适从。

有一个很典型的例子，在一个全国性的普通话比赛颁奖会上，主持人宣布"说服"的正确读音是"shuō服"，这时全场响起"shuì服！shuì服！"的呐喊声，此起彼伏，响彻全场，让主持人都怀疑自己的答案的可靠性。

"说"本读 shuō，自唐开始也读 shuì。这两个音的分工是：陈述、叙谈、解释读 shuō，如"言说""论说"；不但自己说，还要让别人听从，读 shuì，如"游说""说客"。"说服"的"说"当然属于后者，港台读 shuì 是继承传统读法，自有它的道理。

然而，语言是一条流动的河，包括读音也会发生变化。早在中华人民共和国建立前，"shuì"的读音已逐渐在生活中淡出，特别是"说服"一词，几乎已没有人再读"shuì服"。正是考虑到这一现实情况，《普通话异读词审音表》只规定"游说"这一具有明显古汉语色彩的词仍读"游 shuì"，其他如"说客""说服"中的"说"均从俗读 shuō。历史既然已翻开了新的一页，何必再走回头路呢？何况，和"说服"结构类似的，还有"说明""说和""说破""说通""说定""说穿"……它们都读 shuō 而不读 shuì 呀！从系统性考虑，"说服"的"说"不妨继续 shuō 下去。

暮"宿"黄河边

——宿：sù、xiǔ、xiù

在甲骨文中，"宿"是人在屋子中睡觉。这是一个动词。《木兰诗》中的"旦辞爷娘去，暮宿黄河边"，用的便是"宿"的本义。这一意义构成的词语有一大批，如"宿命""宿营""餐风宿露""夜不归宿"等等。

因为"宿"要隔夜，所以又可引申用作形容词，指旧有的、一向有的，如"宿愿""宿疾""宿怨""宿弊"。还可指年老的、有经验的，如"宿将"。

凡用作动词、形容词，"宿"一律读 sù。

"宿"还有两个特殊读音：

一是用作量词，专用于计算夜晚，读 xiǔ，如"住了两宿""一宿无话"。

二是用作名词，指我国古代天文学家所说的星星的集合体，相当于今天的星座。这个义项读 xiù，如

"二十八宿"。

"生肖"的"肖"十读九错

—— 肖：xiāo、xiào

"生肖"是个常用词，可你注意听一下，十人读，九人错。

"肖"有两个读音，两者只是声调上的区分，一个读 xiāo，一个读 xiào。

xiāo 用于姓。这里顺便说一下，不少姓"肖"的人，其实并不姓"肖"，而是由"萧"来的。他们或者误以为"肖"是"萧"的简化字，自己选择了"肖"；或者阴差阳错，在户口登记的时候，被别人改成了"肖"。凡是用作姓氏，"肖"的读音为 xiāo。

"肖"读 xiào 时，义为相似。所谓"生肖"，最初本是术数家的玩意。他们通过十二种动物和十二地支的组合，来演绎神秘文化。后来人们以某人生于某年肖某种动物，形成了十二生肖的概念，或称十二属相。这里的"肖"是像的意思，正确的读音是 xiào，可是有些节目主持人读成了 xiāo，犯了一个读音错误。

类似"生肖"这样的词语有一批。比如"肖像"是指容貌形体和本人相似的画像："不肖子孙"是指在立身处世上不合上一代的要求，品行不好或没有出息的子孙；"神情毕肖"则形容高度相似，连一颦一笑也毫无二致……在这些词语中，"肖"都应该读 xiào。

见到"血"字别头晕

——血：xiě、xuè

有人说，见到"血"字就头晕，因为吃不准读 xiě 还是读 xuè。据说，连某些电视节目主持人都犯怵。其实，还是有规律可循的。

首先要明白一点，无论读哪一个音，"血"都是指人的心脏和血管里流动的红色液体。它们的读音差别，只是习惯造成的文读和白读之分。"血"在古音中是入声字，读 xuè 是入声字演变的结果；而 xiě 则是北京人在口语中逐渐形成的读音。

这两个音怎么区分呢？

凡是"血"作为语素构成双音节词或多音节的成语，一律读 xuè。前者如"血液""血色""血丝""血脉"，后者如"血肉相连""血盆大口""血肉横飞""血雨腥风"。凡是"血"单独使用的，一律读 xiě。如"流了一地的血""脸上血淋淋的"。这就是说，在书面语中读 xuè，在口语中读 xiě。

有一个典型的例子："血债要用血来还。"按照前面的读音方法，前一个"血"是语素，读 xuè，后一个"血"是单独成词，读 xiě。

掌握了这样的读音规律，你还会头晕吗？

"载不动许多愁"
——载：zǎi、zài

"载"既可读 zǎi，也可读 zài。也许因为只是细微的声调差别吧，有些人不加深究，结果往往出错。有次听古典诗词朗诵，李清照的"只恐双溪舴艋舟，载不动许多愁"，"载"字便被误读成了"zǎi"。

"载"读 zǎi 音时，意义是比较单纯的，除了指"年"外，如"一年半载""千载难逢"，就是指把事情记录下来或者刊登出去，如"记载""刊载""连载"等等。网络时代常用的"下载"，当然也应读 zǎi。

"载"读 zài 音，首先是指用车、船等运输工具装，如"载客列车""载人飞船"；也可以虚指，如"奥运健儿载誉归来"，以及李清照的"载不动许多愁"，这些都是文学笔法，强调的是形象性。其次，"载"可以表示充满的意思，如"怨声载道""风雪载途"，用"载"有渲染的效果。除此之外，"载"还可用作副词，用于

"载……载……"的格式中，表示两个动作同时进行，如"载歌载舞"。

"请你啃鸡爪子"
——爪：zhǎo、zhuǎ

爪，甲骨文中是覆过来的人手的形状。比如"采"这个字，上面是"爪"，下面是"木"，表示人的手在树上采摘果实。后来"爪"泛指禽或者兽的脚。面对着同一个"爪"字，有时可以读 zhǎo，有时又要求读 zhuǎ。两者有什么区别呢？

第一，书面语和口语之分。凡是已经定型的词语读 zhǎo，如"张牙舞爪""雪泥鸿爪""一鳞半爪"以及"爪牙"等等；口语则读 zhuǎ，如"猫爪子在地毯上乱抓"。

第二，敬畏和亲和之分。凡是让人觉得有威严感的，读 zhǎo，如"虎爪""鹰爪"；反之则读 zhuǎ，宠物狗的主人在逗自己的狗时，常会亲昵地说："把 zhuǎ 子伸过来。"

第三，庄重和平常之分。在讲究规格的场合读 zhǎo，比如宴会上的鸡脚，不但要美称为"凤爪"，而且这个"爪"字一定要读 zhǎo；若是在家里随意吃饭，也许你就会说："请你啃鸡 zhuǎ 子。"

形近字辨似

田娟华

看似老大，实是老二
——形近字说略

汉字中有一批形近字。它们看上去只有细微的差别，就像人群中长得很像的双胞胎，让人难以分清谁是老大、谁是老二。这些字给我们学习和运用汉字带来了很大的干扰。

一般在外人的眼中，双胞胎常常会被误认，而孩子的父母却几乎没有认错的时候。这是为什么呢？因为外人只是看个大概，而父母熟悉孩子之间不易察觉的差别。同样，形近字的误用，也是这个道理。为此，我们在辨析形近字时，就从抓它们的特征入手。首先是从字形着眼，力求让它们的差别得到强化，给读者留下深刻的印象；然后对字义进行概括，使读者了解字义与字形的内在联系；再通过对字义的深入理解，反过来加深对字形的认识。

经验证明，学习汉字，记忆字形、理解字义最有效的办法，就是从汉字源流入手。同样，从本源上了解字的形义，使读者不但知其然，而且知其所以然，也是辨析形近字的捷径。因此，笔者在辨析的过程中，力求对每个字都能说清楚其造字的理据，从而使读者能了解字史，把握字理，融会贯通，正确运用。但有一些字，文字学家往往说解不一。对此，笔者不做全面的介绍，仅就自己的理解，从中挑选出比较贴近事理的观点加以介绍。

在汉字中，形近字的数量是不少的，限于篇幅，不能不有所选择。下面三种情况未予收列：

第一，读者熟悉度很高的字。如"天"和"夭"、"人"和"入"。前者第一笔是一横和一撇之差，后者一捺是在上与在下之别，称它们为形近字是名副其实的。但凡是学习过汉字的人，对这些字的差别早已了然于心，没有必要再格外提醒。

第二，应用价值不高的字。如"釆"和"采"、"妺"和"妹"。"釆"音 biàn，本义为野兽足迹，它和"采"的区别是一笔上下贯通。"妺"音 mò，历史人物妺喜的姓名用字，它和"妹"的区别是右边不是"未"而是"末"。就字形而论，这两组字当属形近字无疑，但问题是"釆"和"妺"在现代汉字运用中已难见踪影，再着力辨析未免有无的放矢之嫌。

第三，本丛书已经谈过的字。比如"喧"和"暄"、"侯"和"候"、"第"和"笫"。这些字自是典型的形近字，使用中错误率也比较高，但它们在《规范汉语大学堂 1》的《容易混淆的字》与《容易用错的字》中已被辨析过，本书也就不再重述。

还要说明的是，有些简化字的使用错误，往往和它的繁体字的形近现象有关，笔者在分析时，不能不涉及繁体字。为了让读者有个具体印象，有时标题上以繁体字出现，但在正文中会向读者做出交代。

期盼读者的批评指正！

形近字辨似例析

汆 / 氽：入水为"汆"，浮水为"氽"

请注意这两个字的上半部分：上面是个"入"字的为"汆"，上面是个"人"字的为"氽"。

汆，音 cuān。最常见的用法，是指一种烹调方法，即把容易熟的食材放入开水锅里，水一翻花儿就捞起来，如"汆丸子""汆白肉"。入水即熟，可见"汆"是个会意字。

氽，音 tǔn。同样是个会意字。人在水上，表示漂浮。如茅盾《三人行》中的句子："船的速度也减小，几乎像是在顺着水氽。"用油炸食物，食物也在油上漂浮，所以也引申指用油炸，如徐珂《清稗类钞》："猪肉皮略泡，入沸油氽之，至色黄皮松，乃起锅。"上海人早饭时，喜欢吃"油氽花生米"，用的就是这个"氽"字。不过，这是个南方方言词，北方人不这样说。

丐 / 丏：问君可识"夏丏尊"

夏丏尊是现代著名的教育家，但在提到他时，往往错成了"夏丐尊"。

丐，音 gài。这是一个会意字。从甲骨文的字形看，字的左边是一个"亡"字，右边是一个"人"字。有一种说法，"亡"是人眼里没有眼珠的样子，表示眼睛失明。盲人不能劳作，只能靠求乞为生。"丐"是盲人求乞之义。

丏，音 miǎn。这是一个象形字，右边从上到下连下来的一笔，像遮蔽着什么。也许是小孩子捉迷藏时被遮住脸面吧，有人这样猜测，但我们无从得知。它流传下来的主要意思就是遮蔽、看不见。

夏丏尊先生为人正直，学识广博，在教育界名声很大。1912 年，社会上盛传要进行普选，他怕被选上当官，就改了这么一个名字。因为写错名字选票就要作废，而绝大多数人是不认识"丏"而会把它当作"丐"的。虽然此后并未真的实行普选，但夏丏尊这个名字却保留下来。

汩/汨：屈原投身"汨罗江"

每年端午，媒体上都会说到屈原。说到屈原，就不能不提到他投身自沉的汨罗江。可是提到汨罗江时，却经常出现"汩罗江"的字样。

汩和汨这两个字，左边都是三点水；右边字形粗看也完全一样，只是一个胖点儿，一个瘦点儿。这一对儿真称得上是典型的孪生兄弟。然而，字形虽高度相似，读音和字义却迥然不同。

汩：音 gǔ。从水从曰，"子曰诗云"的"曰"。曰，甲骨文字形是"口"上加一道儿，好像张嘴出气发声。如果"曰"边有三点水，那就表示泉水或河水咕噜咕噜流淌不止，就像一个人嘴里叽里咕噜个不停。汩汩流淌，不就是咕噜咕噜的拟声吗？从这个角度说，"汩"是个会意字。

汨，音 mì。形声字，水形日声。本为水名。汨罗江为湘江支流，在湖南省东北部，是汨水和罗水合流后的名称。由于"汩""汨"二字高度形似，古人也常常混淆不分，"汩罗江""汨罗江"都出现过，现以"汨罗江"为规范。

佳 / 隹：莫把野鸟当"佳人"

多次问过一个问题：义为猛禽的"隼"字怎么写？得到的回答往往是：上面是才子佳人的"佳"，下面是七八九十的"十"。很遗憾，答错了！错在把野鸟当成了佳人。

此话怎讲？先看这个"佳"字，左边是单人旁，右边是两个土字构成的"圭"。圭，音 guī，玉器，下方上尖，呈长条形。一开始帝王用它册封诸侯，后来用作各种重大礼仪时帝王、诸侯手执的礼器。即使没见过实物，我们一般也会在表现历史题材的影视作品中看到过演员手里拿的道具。正因为"圭"字出身不凡，所以在用作"佳"的声符时，也兼表义：美，好。这里的"美"首先是形容人的，故形符从人：佳人。然后引申到佳境、佳肴、佳作、佳绩等等。

再看"隹"字，请注意它的右边，不是两个土字相叠，而是比"主"字多一横。隹，音 zhuī。这是一个象形字，在甲骨文里是一只鸟的形状。凡有"隹"作偏旁的，一般都与鸟有关。如"集"，是鸟栖树上，引申为聚集义；如"雉"，是以箭（矢）射中鸟（隹），表示这是人们捕获的野鸡；如开头提到的"隼"字，读音为 sǔn，上面同样是"隹"而不是"圭"。"隼"是鸟中之霸，和"佳人"不搭界。

雎 / 睢："关关雎鸠"动人心

《诗经》善用赋、比、兴的手法，开篇首句"关关雎鸠，在河之洲"，便是"兴"的范例。它为"窈窕淑女，君子好逑"营造出热烈欢快的爱情氛围。然而，煞风景的是，两千多年后的今天，经常有人把"关关雎鸠"错写成"关关睢鸠"。

雎，形声字。声旁"且"表音 jū；形旁"隹"是鸟的象形。雎鸠，即水鸟。"关关"是象声词，描摹雎鸠的叫声。你看，在河中间的小岛上，芦苇茂密，沙滩洁白，一群水鸟在追逐鸣叫，声声都是爱的恋曲。这美好的意境，怎能不引动小伙子的求偶之心呢？

而"睢"，看上去和"雎"很相像，其实风马牛不相及。睢，音 suī。形符"目"表义，和眼睛有关；"隹"表声。《说文解字》对"睢"的解释是"仰目也"，即眼睛朝天看。试想一个人翻着白眼、鼻孔朝天的神态，那一定是目空一切，粗暴无礼，自以为是。再严重一点，就是"暴戾恣睢"了。这和"关关雎鸠"是两种完全不同的境界。

圮／圯：张良在何处拾鞋？

"己、已、巳"三字，形同三兄弟，但因字形简单，且在语文教学中被反复强调，一般不难辨别。但由它们构成的字，却很容易被混为一谈，张良"圯下"拾鞋误为"圮下"拾鞋，便是一例。

圮，音 pǐ，义为断绝、毁坏、坍塌等。这是一个形声字，以"土"为形符，因为以土为质的器物、建筑物不牢固，易毁坏坍塌。右边的"己"是声符，同时也有表义作用。己，甲骨文字形是首尾相连的三横两竖，有说像交错编织的丝缕，应是"纪"的本字。用丝缕的易断兼表"圮"

的断绝毁坏之义。

圯，音 yí。它和"圮"可谓酷似，但词义、词性截然不同。圯，古代南方有的地区用来指称桥，是名词。而"圮"是动词。这个桥以"土"为形符，说明是土石结构。右边的"巳"（音 sì）和"已"（音 yǐ）同源，有说其甲骨文像成形的胎儿，古时"巳"通"已"。在这里，可以看作"圯"是以"已"作声符的。所以，"圯"在这里读 yí，不读 sì。

《史记》里记载一老人要送张良一部兵书，为考验张良的品性，故意把自己的鞋扔到"圯下"，让张良为自己去拾，并帮自己穿上。"圯下"就是桥下，"圯"误为"圮"，你让张良到哪里去拾？

市 / 市："市"字歪头"市"昂首

"市"和"市"，这两个字粗看起来，似乎没有太明显的区别。只有仔细端详，才能发现一个歪着头，一个昂着头。难怪有些人压根儿就不知道这是两个不同的字。在讲述秦始皇为求长生不老，派方士徐市带数千童男女入海求仙时，有些出版物就把"徐市"错成了"徐市"。

市，音 shì。第一笔是一点，全字共五画。从几个"市"的古文字形看，有的上面有一只脚，下面象三面围墙之形，

《说文》解释这是做买卖的地方，也即集中进行交易的场所。这个用法延续至今。以"市"作声符的字有"柿"等。

市，音 fú。全字共四画，第一笔是一横，最后一竖由上至下贯穿到底。这是一个象形字，巾上加一条腰带。《说文》解说得很精彩：上古衣蔽前而已。可以想象，"市"开始就是块遮羞布，用树叶、兽皮挡在前面，形状与现在的围裙相似。后来"市"作了偏旁，"市"义又用韨、绂等字表示，分别从韦从丝，表示围裙的质地，先是熟皮的，后是丝织品。以"市"作偏旁的字有"肺、沛、芾"等，这里"市"都不能写作"市"。

戊/戌："戊戌变法"不是"戊戌变法"

"戊、戌、戍、戎"——这四个字看上去就像汉字四胞胎，尤其是"戌""戍"二字，更是形神毕肖。2006年时逢农历丙戌年，难怪有些日历错成了"丙戌"年。戊戌变法更是经常被错成"戊戌变法"。

戍，音 shù。这是一个会意字。甲骨文字形左边一撇和当中一点，构成一个"人"字。右边是一个"戈"字。一人持戈，站在我们面前的是一个战士的形象，以此表示"戍守"。从古到今，"戍"的字义未变。

戌，音 xū。看上去和"戍"相似，其实造字方法不同，这是一个象形字。甲骨文字形左边的一撇，加上当中的一横，构成了一只大板斧的形象。它和戊（音 wù）一样，开始都是表示斧钺之类的武器，后借为天干地支的用字。如我国历史上著名的"戊戌变法"，就是用干支"戊戌"纪年。没有"戊戍"一说。

胃/胄：有位画家叫"黄胄"

我国当代有位画家，他的名字叫黄胄，以画驴知名，"文革"中被污为"驴贩子"。可笑的是，当时有些大字报中，竟把黄胄错成了"黄胃"，让人哭笑不得。

"胃"是个象形兼会意字。上面的"田"原本是胃的形状，里面有一些食物；下面的构件称为"肉月"，表示胃是肉质的。

"胄"的情况要复杂一点，它的读音为 zhòu。"胄"是由两个字发展来的。一个来源是"甲胄"的"胄"。胄，也叫兜鍪（dōu móu），是古代将士的头盔。开始的古文字里，"胄"下面的"月"是"眼目"的象形，上面是头盔的象形。后来上面的头盔讹变成了"由"；下面的"目"变成了帽子的形状，当中的两横不和左右相连。另一个来源是"贵胄"的"胄"，这是一个形声字。上面是声符"由"；下面是形符"肉月"，当中的两横和左右相连。

这个"胄"义为古代帝王或贵族的后代,如说刘备是"王室之胄"。由于"甲胄"的"胄"和"贵胄"的"胄"高度形似,后来就合二为一统为"胄"。但"胄"和"胄"毕竟不是一回事,不区分开来是会闹笑话的。

暗 / 喑:"喑哑"不是"暗哑"

在一次古诗词朗诵会上,曾听到有人把龚自珍的诗句"万马齐喑究可哀"读成了"万马齐暗究可哀"。最近在一药品广告中,又见"喑哑"被错成了"暗哑"。这都和"暗""喑"字形相似有关。

暗,音 àn。形旁是"日",太阳无光为暗,如"昏暗""幽暗"等。有个猜"暗"的字谜说,"站在两个太阳旁,反而眼前不见光",便是从其字形和字义来构思的。由自然界光线的不明又可比喻思想的昏昧、不光明,如"偏听则暗""暗昧"等。也引申指隐蔽、不外露,如"暗喜""暗杀""暗箭""暗访"等等。

喑,音 yīn。形旁是"口",本义为小孩子哭泣不止。由哭得过度,引申指哑、不能出声,"喑哑"便由此而来。再引申指沉默、不说话,如龚自珍的"万马齐喑究可哀"。"万马齐喑"和"百家争鸣",可以用来比喻两种截然不同的政治局面。

袄 / 祆："祆教"不是"袄教"

也许因为"祆"字比较冷僻吧，不少出版社在遇到"祆教"时，往往错排成"袄教"。"袄"和"祆"这两个字，看上去很相像，其实它们的形旁和声旁都不相同。

袄，音 ǎo。繁体字本写作"襖"，衣旁奥声，与"祆"大相径庭；但现在声旁简化为"夭"，与"祆"就变得十分接近了。"袄"以"衣"为形旁，意思与衣服有关。首先指的是上衣，裤子不能叫袄；其次用料要两层以上，如夹袄、棉袄、皮袄，一般不指单衣；再次是指中式衣服，一般西服不用"袄"来指称。

祆，音 xiān。形旁是"示"，声旁是"天"。示，从古文字形看，有人说是祭祀时的祭台，有人说是天地神祇、先王先祖等神主的牌位，总之和神事有关。所以，文字中凡是和鬼神、祭祀等有关的字一般都以"示"为形旁，如"祀""社""祖"等。祆，就是我国古代西域琐罗亚斯德教（因其以火为善神的代表，俗称拜火教）信奉的天神。

茶 / 荼："茶"香"荼"苦大不同

有一则古代笔记，说某人把"錫荼壼"（yáng tú kǔn）读成了"锡茶壶"，每个字都少看了笔画，因此断送了仕途。这三个字中，"荼"字在今天已算不得冷僻，但把"如火如荼"误写为"如火如茶"的，仍时有所见。

在历史上，"荼""茶"本是一字，古代只有"荼"字，没有"茶"字。

荼，音 tú。本义为一种苦菜，由其味苦引申比喻艰苦、苦楚、苦难、苦痛，如"遭此荼苦""荼毒生灵"等。可能荼的花是白色的，又由此引申指茅草、芦苇的白花，如"如火如荼"。"如火如荼"的本义是指一大片像火那样红，一大片像茅草花那样白，引申指某种形势的旺盛、热烈、激烈。

荼，又音 chá，指茶树。柴米油盐酱醋茶，这里的"茶"本是写作"荼"的。直到唐代，才由"荼"字减少一笔，出现了一个专用于指香茗的"茶"字。

今天，茶是"茶"，荼是"荼"，茶香荼苦大不同，多一画少一画是不能通融的。

場 / 场："疆場"也许本是"疆場"

如果谁看到"疆场"变成了"疆場"，多半会认为是写了别字。只见过"疆场"，哪见过"疆場"啊？

这还得从"场"的繁体字"場"说起。

場，从土昜声。根据偏旁类推简化的原则，现简化为"场"。本义是祭神的平地，故以"土"为形符。引申指农村中收打庄稼、翻晒稻谷的空地，如"打场""扬场"，这时读 cháng；又泛指各种聚会或活动的场所，如"会场""广场"等，这时读 chǎng。这个"场"字，本来和边疆沾不上边。

埸，有人把它读成了 chǎng，其实正确读音应该是 yì。这显然是没有看到"埸"和"场"有一横之差。"埸"的右边是个"易"字，"谈何容易"的"易"；"場"的右边则是个"昜"，这是繁体字"陽"的古字。埸，本义是疆界、边界、田界。既为界限，跨越即易主。所以，"埸"是以"土"为形符、以"易"为声符的形声字，同时声符"易"也兼有表义作用。

也许就因为只有一横之差，历史上粗心的人们不经意间用"场"代替了"埸"，现代汉语中的"疆场"一词，追究起来或许是"疆埸"之误呢。

刺 / 剌：开口是"剌"，封口为"刺"

"刺、剌"一般是不会写错的，有谁会把"刺刀"写成"剌刀"呢？然而，把"乖剌"写成"乖刺"，或者把"名刺"写成"名剌"的，却大有人在。可见，"刺、剌"还有辨析的必要。

　　"刺、剌"的区别在左半部，一个开口，一个封口。开口的是"刺"，音 cì，是一个会意字。"木"代表一棵树，中间不封口的部分是树身上长出的尖刺，和右边的"刀"配合，义为用尖利的东西扎。刺必深入，所以又可以指暗中打听，如刺探。古代还把人际交往时使用的名帖也即今天的名片叫"名刺"。这是为什么呢？对于这个小小问题，一千多年来众说纷纭。梁朝人刘勰《文心雕龙》释"刺"是通达的意思。从名刺通报姓名的功能来看，正符合此意。

　　封口的是"剌"，音 là。会意字，从束从刀。"束"中的"木"表示树枝之类，中间封口的部分表示把散乱的树枝捆扎起来；而右边的刀，则表示把捆扎的东西用刀割开。捆扎了又割开，行为前后悖谬，故引申指违背、怪僻、不合常理。正因为此，把义为"不合常理"的"乖剌"写成"乖刺"，显然是错误的。

玷 / 坫："玷污"和"土"无关

　　"玷污"一词，经常有人写成"坫污"。理由似乎很充分：沾了一身土，不就是"污"的形象吗？无疑这是一种想当然。

　　玷，音 diàn，形旁是"玉"。"玉"在古文字里是一根绳穿着三片玉的象形，因为整齐化以后和"王"字很相像，于是就在旁边加了一个点以示区别。玷，本义指白玉上面的污点，引申指"玷污人格""玷辱名誉"等。可见，"玷污"和"土"无关。

土字旁的"坫"，读音也是 diàn。原来这是古代在室内放置食物、酒器等的土台子。商业兴起以后，商贾们将所售之物堆在土台子上供人选购，"坫"就成了柜台的初级形态。后来，土字旁演变成了广字头，"坫"俗变成了"店"。商店便是由此而来的。

趺 / 跌："趺坐"不会"跌"倒

"趺坐"是一种特殊的坐姿，也许一般人不太熟悉的缘故，出版物中常误为"跌坐"。这两个字虽然只差一小撇，但一个摔倒了，一个稳坐着，差得远呢。

跌，音 diē，常误读为第二声。看字的组成可以帮助我们理解它的意义：失足——失去平衡而摔倒，由此可以理解它为会意字。引申义有坠落、降低、价格下降等，如"跌落悬崖""股市暴跌"等。

趺，音 fū。形声字，从足夫声。本义为脚背。用作动词时，指左右脚交叉盘腿坐着。这是佛教徒的一种常用坐姿，称为"趺坐"。这样坐着怎么可能"跌"呢？用作名词，可指石碑的底座，如"石趺""龟趺"等。

杆 / 秆："高粱秆"不是"电线杆"

这两个字都是形声字，都表示能直立的棍棍。但棍棍和棍棍的区别还是很大的，不可相互混用。

"杆"是多音字，一音 gān。形符是"木"，本义是又长又粗的木头杆子，如电线杆、旗杆、标杆等，后来才有了水泥的、金属的。如果具备这个"杆子"的形体但比例比较小，就是"gǎn 子"了，这些"具体而微者"有笔杆子、枪杆子、秤杆子等。无论是水泥的、金属的"gān子"，还是塑料的、金属的"gǎn 子"，都是由木头的演变过来的，所以仍然沿用木字旁。

秆，音 gǎn。形符是"禾"，与庄稼有关，本义是指稻麦、高粱、玉米等能直立的农作物的茎。如高粱秆儿、麻秆儿。这个"秆"可没有"杆"那么坚硬，比如芹菜秆儿，一撅就折。

榖 / 谷：武大郎因何成了"谷树皮"

《水浒传》中的武大郎有个绰号，叫"三寸丁榖树皮"。提到这个绰号时，"榖树皮"常被误为"谷树皮"。这显然是和榖、谷不分有关。

榖、谷，都读 gǔ。它们的区别在哪里？大而化之地看一眼，肯定是看不出的。请注意这两个字的左下角：

一个是"禾",一个是"木"。原来两个字有一小撇之差。

　　从"禾"的"穀"是谷类植物的总称,在这个意义上现在简化为"谷"。而从"木"的"榖"则是一种树的名称,这种树也叫构或楮,树皮是造桑皮纸和宣纸的重要原料。武大郎的绰号叫"榖树皮",是说他的脸像榖树的皮,这个"榖"是不能简化为"谷"的。

毫/亳:莫把"亳州"作"毫州"

　　如果不是因为安徽有个"亳州",一般人是很难接触到"亳"这个字的。"亳"曾经是我国最早有文字记载的朝代"商"的国都。

　　毫,音 háo。形声字,上面是省写的"高"作声符,下面是个"毛"字作形符,本义为细而尖的毛。成语不是有"明察秋毫"吗?"秋毫"就是秋天动物身上刚长出的细毛。引申指极细微的数量,如一丝一毫。毛笔头是用动物的细毛做的,故也借称毛笔,如"挥毫泼墨"。

　　亳,音 bó。这是一个会意字。上面是高——楼阁台观的象形,下面比"毛"少一笔,有说是青草铺地的象形,会意是居住地。历史上有商都五迁的说法,传说成汤居亳、盘庚迁殷。商汤时的都城"亳"到底在哪里,史学界还有争论,但安徽的"亳州"不能写成"毫州",这是毫无疑义的。

壸 / 壶："壸范"别忘一小横

在现代人的眼中，"壶"和"壸"是难辨的一组字。到过浙江慈溪的人，一般都看过蒋介石母亲的墓。蒋母的墓碑上有"壸范足式"四字，连有些导游都把"壸范"读成了"壶范"。

"壶"和"壸"有一小横之差。少一横的是"壶"，音 hú，在甲骨文里是一把酒壶的象形。后指一切壶形的器皿，如茶壶、水壶、夜壶等。

壸，音 kǔn。虽然比"壶"只多了一小横，但意义和"壶"毫不相关。它指的是宫中小道，从它的繁体"壼"可以看出这些小巷的弯弯曲曲。后用"壸闱"来代称帝王后妃的居处，用"壸政"代称宫中的政事。也可当作敬词，用于其他女性。"壸范"，就是指妇女的仪范。

暌 / 暌：叶圣陶快信追字

历史上有欧阳修飞马追字的掌故，在当代文人中，则有叶圣陶快信追字的故事。当年叶圣陶先生给上海《文汇报》写稿，其中用到"暌违"一词，他写的是"暌违"二字。暌、暌，两个字都读 kuí，历史上也有"暌""暌"

互通的先例，但叶圣陶先生一向用字严谨、规范，他在稿件寄出以后，经过思索，又以快信告诉编辑，必须把"瞑"改正为"暝"。为什么呢？

瞑，从形旁可知与眼睛有关，泛指睁大眼睛注视，如"众目瞑瞑"。

暝，从形旁看和"日"有关。一说是"日入也"，即太阳下山了，日落了。一说是"日月相违也"。太阳下山了，月亮出来了，当然是谁也见不到谁，两种说法看来是相关联的。总之，引申指隔离、离开、分开。叶圣陶先生的"暝违"便是表达分离之义。

冽 / 洌：三点清，两点寒

汉字中有些字，在字形上有个变化过程，写作两点水旁和三点水旁在意义上没有变化，如"决"和"决"、"况"和"况"。但"冽"和"洌"不属此列。

洌，三点水旁，表示字义与水有关。本义指水清，引申也指酒清，如"泉香而酒洌"。

冽，形旁是两点水，两点水在甲骨文里是冰花的象形，是"冰"的最初写法。所以凡两点水的字往往和冰凉寒冷有关。"冽"的本义是寒冷，如"寒风凛冽"。

如果看到的是"清洌"，那是指水的清澈；如果看到的是"清冽",除了指水清澈外,还表示有寒意。

泠 / 冷:杭州有家"西泠印社"

"泠"在平时不多见,所以常常被当成了"冷"。

泠,音 líng。三点水旁,与水有关,本义是古代江水的名称。也指水清澈明净,引申指清清凉凉的样子。如宋玉的《风赋》:"清清泠泠,愈病析酲(chéng)。"是说风的清凉爽快,能使疾病痊愈,能使酒醉解除。"泠泠",又作象声词,形容声音的清越。如陆机的《文赋》:"文徽徽以溢目,音泠泠而盈耳。"是说文思泉涌时写出的文章文采焕然,音节泠泠悦耳。

冷,大家都熟悉,无须多说。需要提醒的是,杭州有座西泠桥,有家西泠印社,因为字形相近,很多人都把其中的"泠"误写误读为"冷"了,原有名称给人的诗意感觉顿时不复存在。

暝 / 瞑:应是"暝色"入高楼

"暝"和"瞑",这是两个同音形声字,音 míng,因形旁不同而意义有别。

暝,声旁"冥"在这里也兼表义。在甲骨文里,"冥"上面的秃宝盖象征着幕布,下面的"六"是两只手的象形，两只大手扯着大幕把中间的太阳蒙覆在里面，这样，"冥"就让我们感觉到它所描绘的日月无光的"昏暗"，引申义深夜、幽深等也就自然产生了。当"冥"为引申义专用的时候，"暝"就应运而生专表天黑、昏暗之义了。唐人李白所作《菩萨蛮》词中有"暝色入高楼，有人楼上愁"的句子。形旁"日"提示"暝"和日色、光线有关。

瞑，形旁是"目"，提示和眼睛有关。死不瞑目，就是死了合不上眼，表示死者心中有放不下的事情。瞑，就是闭眼之义。闭上眼睛一片黑暗，所以"冥"在这里也是表声兼表义。

淞 / 凇："雾凇"不是"雾淞"

即使见过雾凇的人，如果不去注意"淞"和"凇"的区别，也会把"雾凇"写成"雾淞"的。这两个字都是形声字，声旁都是"松"，读 sōng，但形旁不同。

淞，三点水旁，与水有关。本义为水名，即淞江。发源于江苏太湖，流至上海与黄浦江汇合入长江。因处古吴地，因而通称吴淞江。

凇，两点水旁，两点水在甲骨文里是冰花的象形。凇就是雾、水汽、雨滴等遇冷凝结成的冰花，可分为雾凇、雨凇等。雾凇在北方比较常见，哈尔滨的雾凇就是这个城市的著名景观，沿着松花江，一排排玉树、万千条琼枝，令游人叹为观止。雨凇南方就有，笔者曾在云南亲见冻雨过后，雨滴凝结成一层薄冰，包裹住绿绿的树叶、黄黄的菜花，像晶莹的料器，像透明的琥珀。虽然作为自然风景雨凇是美丽的，但它对农作物是灾害。雾凇也叫"树挂"，雨凇也称"冰挂"；雾凇不透明，雨凇是透明的。

两点水是景，三点水是江，"雾凇"不是"雾淞"。

曈/瞳：千门万户"曈曈"日

这两个字都是形声字，声旁相同，都是"童"，音tóng。它们的区别在形旁，一个是"日"，一个是"目"。

显而易见，"日"让人联想到光线。从"日"的"曈"，说的就是太阳刚升起时明亮的样子。"千门万户曈曈日，总把新桃换旧符。"宋王安石《元日》中的这句诗就是讲在除旧岁迎新年之际，人们总要在太阳刚出、日色渐明之时，把挂在门边画有神像的桃木板换成新的。

从"目"的"瞳"，则和眼睛有关。瞳，就是瞳孔、瞳仁。医学中的"散瞳"，化妆中的"美瞳"，都和瞳孔有关。

味／昧："此中三昧"不是三种味道

也许是鲁迅先生作品的影响太大了，几乎没看到有人把"三味书屋"写成"三昧书屋"的；但见有人把"深得此中三昧"写成了"深得此中三味"，这样写也这样读。

"味"是一个常用字，无须多说。昧，音 mèi。它最初的古文字形有两个，一个是"未"这棵茂密的树遮盖着一个"日"，一个是同样这棵树遮盖着一颗心，由此会意"昧"的本义：光线的昏暗不明、心的昏愚不明，如"幽昧""愚昧"等。又引申指隐藏、不明朗等，如"拾金不昧""暧昧"；再引申指不了解，如"素昧平生"。

"此中三昧"的"昧"，虽然用的也是"昧"字，但和上面的"昧"无关，这是一个音译用字。"三昧"本是佛教用语，是梵文的音译，简单地说是指事物的奥秘、精义。把它理解为三种味道，显然是受了鲁迅先生笔下的"三味书屋"的影响。

析／柝：犹闻朔气传"金柝"

我国南北朝时期的民歌《木兰辞》是语文课本中的名篇，不少人都会背诵。其中有名句"万里赴戎机，关山度若飞""朔气传金柝，寒光照铁衣"，诗句所传达的气魄和意境令人终生难忘。语文老师在教到后两句时，都会特别提醒："柝"不是"析"。但因为这两个字的字形太接近了，还是有人"柝""析"不分。

"析"是会意字，从木从斤。斤，在甲骨文里是斧头的象形。这个字的字形，是一把斧头砍向一根木头，并且是竖着砍下去，这就是"析"的本义——剖分，就像劈柴一样，从上往下劈分下去。由此我们就很容易理解"分家析产"的"析"就是"分"的意思了。

柝，音 tuò。形声字，从木斥声。"斥"是由别的字形演变而来，与"斤"一点儿关系也没有，在这里已完全不能表音。我们从形旁推知"柝"与木有关，它的本义指打更报时用的梆子，多用空心木头或竹子制成。"朔气传金柝"中的"金柝"，是金属制的"柝"，也叫刁斗。

昂 / 昴：二十八宿中有"昴星"无"昂星"

我国古代天文学家把天空中可见的星分成二十八组，叫二十八宿，"昴星"是其中之一。但"昴星"常被误为"昂星"，显然这是因为没有注意到两个字下半部的"卬""卯"之别。

卬，会意字。在古文字形里，左右各是一人，地位不同，左边的人立着，右边的人跪着，以示仰望，或信赖，或敬慕，或期待，这时读 yǎng。这是"仰"的本字，义为信仰、仰慕、仰仗等等。由仰望，又引申指抬起、扬起、高涨等义，这时读 áng。后加上义符"日"作"昂"来表示，用"抬头望日"进一步强调以上意义，如"昂首挺胸""斗志昂扬""价格昂贵"等等。

卯，音 mǎo。古文字形是中间两竖，两竖旁各有一不算圆的半圆形，一说其为甲骨钻孔之形，所以"卯"有孔眼之义。我们常说的"卯眼"，就是指在器物上挖凿出的孔洞。后"卯"被借用作十二地支的第四位：子丑寅卯。传统的卯时对应的时间是早五点到早七点，也泛指早晨。这个时间是旧时官署开始办公的时间，所以现在还把去报个到叫作"点个卯"或"应个卯"。"卯"对应的十二生肖是"兔"，子鼠丑牛寅虎卯兔。"昴星"的"昴"开始就写作"卯"，"卯"被借用后，加形旁"日"写作"昴"。

治 / 治：孔子的弟子不叫"公治长"

"治"和"治"也会混淆吗？会的。孔夫子有个弟子叫公治长，据说能识鸟音，有书中就误为"公治长"。

治是三点水旁，本义为治理水。远古洪荒，水患频仍，治水曾是人类生活中的头等大事，以至于今天大禹治水的故事仍流传不衰。由治水而引申，对人、对社会的管理，对产业的置办和经营，对疾病的医疗，对心性的修养，等等，都可以用"治"。社会得到很好的治理，可以说"天下大治"。

冶，音 yě。本义是熔炼金属铸造刀器。熔炼金属为什么要用表示冰冻之形的两点水作形旁呢？原来这是文字发展过程中讹变的结果，开始这两点水是金属块的形状，大概是后人想到金属的熔化类似于冰的融化吧，结果便以两点水作了形符。金属、陶器都有烧制和锤炼的过程，引申开来，人心修养的过程也可以叫"陶冶"。

逐／遂：野猪头上长角吗

逐，音 zhú。会意字。甲骨文字形是前面一头野猪（豕，音 shǐ），后面一个人的脚（后发展为"之"），会意追赶野兽。一开始，"逐"的写法变化不定，古人根据猎取的对象造字，往往追逐什么就画什么，从甲骨文看，在一只脚前有是"豕"的，有是"鹿"的，有是"虎"的，还有是飞禽"隹"的，最后字形固定为追野猪："逐"。造字之始追逐敌军用"追"，追逐野兽用"逐"，后来人兽不分，都用"追逐"，泛指一切追赶。

"遂"和"逐"相比，是"豕"上多了两点。这两点不是野猪头上长了角，而是个"八"字，甲骨文用相背的两笔"八"来表示"分开"之义。"遂"的本字就是"㒸"，音 suì，本义为分解猪体。把宰杀后的野猪悬挂起来，猪体一经分解，骨肉成功分离，肉顺利委地。由此推知，"㒸"主要的引申义之一是"成功""顺遂"。后"㒸"作了偏旁，此义便由加了义符"之"的"遂"来表示。如"功成名遂""遂心如愿"等。事情没做成就是"未遂"。

杯 / 抔："一抔土"不是"一杯土"

"杯""抔"不分，并不自今日始。为此，《康熙字典》曾特别指出"抔"常被误为"杯"。戏剧演出中，也曾有人将骆宾王的"一抔之土未干"，读成了"一杯之土未干"。

杯，音 bēi。大家司空见惯，既不会读错，也不易写错。比较生疏的是"抔"。

抔，音 póu。提手旁，与手有关。本义是用手捧取，与"掬"义相当。现多用作量词。《红楼梦》里的"黛玉葬花辞"中就用到了这个字："天尽头，何处有香丘？未若锦囊收艳骨，一抔净土掩风流。"这里的"一抔"相当于"一捧"。为什么右边是个"不"呢？古今都有专家考证，偏旁"不"是花蒂的象形，双手捧起正是这个形状。"不"在这里有会意的作用。

在旧小说或旧戏曲中，常见这样的用语：三尺棺、一抔土。"一抔土"常被用来指称坟墓。随着时代的变化，对死亡的指称很少沿用旧说了，但分清"抔""杯"，还是必须的。

標 / 摽：《诗经》里哪有"标有梅"

在一篇介绍《诗经》的文章里，提到了"《标有梅》"。可是，我们知道《诗经》里只有《摽有梅》，这显然是把"摽"当成了"標"，又按例进行简化的结果。

標，繁体字，现简化为"标"。它的形旁为"木"，说明和树有关，本义为树梢、末端。引申指细微末节、非根本性的方面，如"治标不治本""标本兼治"等。

摽，提手旁。汉字中以手为偏旁的，往往表示动作义，"摽"也不例外。"摽"的现代意义主要指人或物牢固地捆绑在一起，紧紧地勾挽在一起，亲密地缠搅在一起。如"把行李在车架子上摽紧""两个人走路时还摽着胳膊""他俩整天摽在一块儿"等。

"摽"在古典诗文里有落下义。如《诗经》里的《摽有梅》篇，以对梅子落地的咏叹，表现女子思嫁的迫切心情。摽有梅，就是梅子落了。因为"摽"很像繁体字"標"，于是有的文章里就出现了"标有梅"。难道是树梢上结了梅子吗？

搏 / 抟："陈抟"不是"陈搏"

如果不是因为陈抟老祖的名字经常被写错，现代汉语里是很少讲到"抟"字的。写错"抟"，是因为它的繁体字"摶"和"搏"太像了。

搏，音 bó。形声字，提手旁，右上角是杜甫的"甫"。"搏"的本义是捕捉，如"狮子搏兔"。引申指揪抓，如"以手搏其耳"。又引申指拍打，如"水石相搏"。常用义是对打、相斗，如"搏斗""搏击""肉搏""拼搏"等。还引申指跳动，如"脉搏""搏动"。

抟，音 tuán。形声兼会意字，声符兼义符"專"，在古文字里上半部是纺锤的象形，下半部是"手"，表示用手捻转纺锤来纺线。右上角和"甫"形不同。"專"是个繁体字，现简化为"专"。摶，也类推简化为"抟"。本义为双手圆转把散碎的东西揉成团。"抟"的团弄义现在用"团"来表示。又引申有盘旋义，如苏辙诗句："方为笼中闭，仰羡天际抟。"

五代宋初有个道士名陈抟，他的学说后来成为宋代理学的组成部分，无奈在一些出版物里"陈抟"成了"陈搏"，原因就是把繁体的"摶"当成"搏"了。

塵 / 麈："挥尘"究竟挥什么

阅读中，常会和"挥尘"二字不期而遇。这"挥尘"到底挥什么，让人百思不得其解。原来，这里的"尘"是"麈"的误写。

这还得从"塵"说起。塵，繁体字，从鹿从土，会意字，表示鹿跑起来扬起的尘土。现简化为"尘"，以小土飞扬表示尘埃。引申指行迹、踪迹，如"望尘莫及""前尘往事""步人后尘"等；又指现实世界、世俗，如"红尘滚滚""尘世"等。

"挥麈"为什么会误为"挥尘"呢？就因为"麈"和繁体的"塵"极像。麈，音 zhǔ。从鹿主声。本义为一种鹿类动物，它的尾巴比较大，尾毛可以做拂尘。拂尘是古时人们闲谈时用来掸拭尘埃驱赶蚊蝇的生活用具，有一个长柄，柄的一端绑着一缕麈毛或其他兽毛，也称"麈尾"。后来古人清谈时手拿麈尾成为时尚，麈尾也制作得越发讲究，成为名流雅器，不谈时也常拿在手上。"挥麈"成了文人雅士的特定形象。

对于古人来说，"挥麈"是常见的，而今人却很陌生，于是就常常把"麈"当成"塵"，又按例简化成"尘"。结果"挥麈"便莫名其妙地成了"挥尘"。

椿/樁："一椿"不是"一樁"

不细看是发现不了这两个字的区别的。关键是右下角不同，一个是"日"，一个是"臼"。

椿，音 chūn，树名，从木春声。指香椿，春天发芽时嫩叶清香，可食用。也指臭椿，形同香椿，但叶子有臭味，不能食用。有一种叫"大椿"的树存在于古代传说中，这种椿以八千岁为春，以八千岁为秋，因其长寿，后来就用"椿"形容高龄，如"椿年""椿龄""椿寿"等。

樁，音 zhuāng。这是一个繁体字，现在简化为"桩"。同样以"木"为形符，本义为木橛，即一头在地下、一头在地上，可以用来系船拴马的木橛子。引申泛指树木砍断后地面上残留的一段，以及揳入地下的各种桩形物，如"树桩""桥桩""界桩"等等。

木橛子自可计量，所以"桩"可作量词，用于事件的计量，如"一桩生意""一桩喜事"等。

衮/兖："衮衮诸公"不是"兖兖诸公"

从表面看这两个字上同下不同，其实它们的上部也不是一回事，尽管写法相同。

衮，音 gǔn。形声兼会意字，上下合起来是衣服的"衣"，中间是个"公"字，表声。衮，古代天子、三公祭祀时穿的绣着龙的礼服。也用"衮"借指三公的职位，如"衮职有阙"。用"衮衮"称众多的穿着官服、身居高位的官僚，如"衮衮诸公"。

兖，音 yǎn。上面的"六"是由水流的形状演变过来的，下面的"允"是声符。本义是水的名称。兖水发源于河南王屋山南，东流至山东入渤海。古代以水名作州名，兖州为九州之一。今天仍沿用兖州作地名，在山东。

荷 / 菏："菏泽"不是"芙蓉国"

菏泽地处山东，以牡丹闻名，可经常有人把它写成"荷泽"，仿佛是荷花故里似的。

"荷"是一个多音字。在"荷叶""荷花""荷塘月色"中读 hé，几乎无人会错；但它另一个读音 hè，却往往被人忽视。其实在表示背、扛、承受等义时，"荷"都读 hè。如"负荷""电荷""荷枪实弹""荷戟独彷徨""戴月荷锄归"以及书信客套话中的"感荷""是荷"等等，无一例外。

相比之下，人们对"菏"更陌生一点。菏，音 hé，古泽名，即菏泽，在今山东省西南部，早已淤塞。虽然古湿地已经消失，但菏泽的名称保留下来，用于地名。湿地有水，所以"菏泽"的"菏"下面的声符是有水的"河"，而不是一个人肩上扛着戈的"何"。

颌 / 颔："颔首"不是"颌首"

这是两个形声字。它们的形旁都是"页","页"在古文字里是人头的象形，提示这两个字都与人头有关。区别这两个字的关键，是要搞清楚它们分别指称人头上的哪两个地方。

颌，音 hé。指口腔上下两个部位，如上颌、下颌。因为口腔上下能随意开合，所以"合"除了表音之外，也有表义的作用。

颔，音 hàn。指下巴。如，律诗共八句，分为四联，除了首尾两联之外，第二联叫颔联，第三联叫颈联，就是按照下巴在上、脖子在下的顺序排列的。至于为什么把"点头"称为"颔首"，大概是人在点头的时候先抬下巴，下巴的动作最明显吧。

乱 / 乩："扶乩"关键是个"占"

单就字形来说，"乱"和"乩"还是有点差别的。"乱"的左边是个"舌"字，"乩"的左边是个"占"字。但为什么总有报刊把"扶乩"误为"扶乱"呢？这恐怕是和不了解"扶乩"是怎么回事有关。看到这个陌生的"乩"

字，还以为是字形有些相似的"乱"字呢。

乩，音 jī。"扶乩"是一种迷信活动。了解它的关键在于一个"占"字。占者，卜也。扶乩正是一种占卜仪式，通常是一个架子上吊着一根木棍，两个人扶着架子，因为用力不平衡，架子移动，木棍便会在沙盘上留下画痕，然后扶乩者按照这些画痕演绎"神"的意旨。

扶乩——扶着占卜。明白这个"占"字是最要紧的。

盂 / 盂："盂兰盆会"岂是"盂兰盆会"

这本是两个不相干的字，因为字形扑朔迷离，再加上对相关词义一知半解，于是张冠李戴的现象就发生了。某书把佛教的"盂兰盆会"误为"盂兰盆会"便是一例。

盂，从甲骨文、金文看它的字形，"皿"犹如一个盆，里面有一个小孩子，有的字形里孩子周围还有几个血点子。猜想这是一个新生儿，迎接他的第一件事就是给他洗浴。因此，"盂"就有了第一、开始的意思。头生的孩子排行"孟"，如"孟仲叔季"。引申下来，每个季节的开始也叫"孟"，如"孟春""孟冬"。孟，应该说是个会意字。

盂，典型的形声字。下面的形符"皿"，表明"盂"属碗碟盆盘一类的器具；上面的"于"是声符，表明读音。这是一种敞口的器皿，可以用它装水、盛饭。后来僧人盛饭的碗就叫"钵盂"。曾见有人以收集水盂为乐，称自己的斋名为"百盂斋"。

蔑／篾："蔑"字表情耐寻味

这两个字都读 miè。从表面上看，只是部首不同，一个是草字头，一个是竹字头。其实，从字源上看，两个字别有讲究。

蔑，从甲骨文可知，这是个会意字，字的结构犹如一幅生动的简笔画。下面的"戍"，是一个立眉瞪眼的"人"，把敌人的武器"戈"踩在脚下。草字头是他的立眉，眉下横着的是他的眼睛。有人解读这是一个勇武的战士在表达他的轻蔑。蔑视，就是目中无人。

篾，是个形声字。是以"蔑"为声符，把"蔑"上面的眉毛（草字头）省略掉而已。"篾"的形符是竹字头，本义是竹子劈成的长条薄片，用来编织席子、篮子等。后引申，苇子秆或高粱秆上析出的用来编织的外皮也叫"篾"。如"苇篾子""秫秸篾子"等。

母／毋／毌：有奶不一定是"娘"

"母"是一个象形字，从甲骨文看，是一个"女"

字胸前加上两点以突出两乳之形。这说明"母"的本义为养育孩子的妇女。

"毋"和"母"同源，音 wú，古文字也是一个母亲的象形。但有奶并不都是娘，"毋"的本义是不要、不可。为了表示禁止之义，"毋"把两乳变成一撇，以示面对品行不端的男士时凛然不可侵犯的态度。

"毌"形似"母"其实不是"母"，读音为 guàn。这也是一个象形字，甲骨文象用绳子穿着一串钱贝，表示贯穿之义，这个意思后用"贯"表示。

叟／臾：不必惊动"老叟"

"须臾"是一个文言词，通常用得不多，而"臾"又和"叟"形似，常见有人把"须臾"错成了"须叟"。实际上，"叟"和"臾"的写法是大不相同的。

叟，音 sǒu。最初的字形是洞穴里一只手举着火把。现在这只手的象形"又"仍然保留，上面洞穴和火把演变成一竖穿"臼"而过。古人穴居，在探测新居时持火把的人，应是经验丰富的老年人。所以"叟"是对老年男人的称呼。

臾，音 yú。"臾"的上半部形似"臼"却不是"臼"，这是两只手的象形，两手中间是一个"人"。原来这是双手拖一死人的形象。它表现的是狱中犯人死了，管理者把他拖出去；也指犯人病死狱中，这个意思现在另加病字头写成了"瘐"。而"臾"只借用在"须臾"这个词语中，表示极短的时间。

書／晝／畫：以"画锦堂"为戒

"書、晝、畫"，这三个字都是繁体字的写法，三胞胎看得人眼花缭乱；要是写成简化字，它们的字形分别是"书、昼、画"，三个字清晰明了，互不相干。问题就在繁简转化之间，错得离奇。

先看"昼锦堂"的故事。昼锦堂，位于河南安阳古城内，是宋代三朝宰相韩琦修建的一座堂舍，并化用古文"富贵不归故乡，如衣锦夜行"之句，题名"昼锦堂"以自戒，好友欧阳修为"昼锦堂"写了记。后来，这篇著名的《昼锦堂记》进入某教材时，被误作《画锦堂记》。2010 年中央电视台元宵晚会上，主持人把古诗名句"花市灯如昼"误读为"花市灯如书"。这样的错误，显然是由于分不清繁体字"書"和"畫"、"畫"和"書"的区别造成的。"書、晝、畫"，这三个字上半部分都是"聿"，是手持笔的象形，区别在下半部。

書，音 shū。下面是个"曰"字，这不是表示说话的"曰"，它在甲骨文里表示器物，或是块龟板，或是块兽骨，总之，可以在上面书写。现在把"書"的草体楷化作了它的简化字：书。本义就是写，记载。

晝，音 zhòu。下面是个"旦"字，"旦"表示太阳从地平线上升起，但这是后来发展的写法；在古文字形里下面只有一个"日"，上面的"聿"像一根杆子立在下面的"日"上，旁边有一只手形。有说这是"立木为表测度日影以定时辰"的日晷的雏形。不管怎么说，有"日"就说明是白天，"昼"就指有阳光的这段时间。

畫，音 huà。下面是"田"字下加一横。有说此字反映了古代重要的政治经济生活内容，右手执笔，指明在经画田地之界。有说从甲骨文看，下面是弯曲交叉的图形，指明字的本义是执笔作画。无论哪种说法，字的本义是绘画，这是没有分歧的。

桅/栀：谁家"桅杆"能开花

栀子为常绿灌木，一到夏天，栀子开花，清香醉人，难怪古今文人对栀子花青睐有加。但因"栀"和"桅"形似，"栀子花"常被误为"桅子花"。可谁家"桅杆"能开花呢？

桅，音 wéi，形声字。桅，即桅杆，是船上最高的标志物，起初由木制成，故以"木"为形符。声符"危"

有高的意思，"危"上半部就是人站在山崖上，突出了高的形象，所以声符兼有表义作用。

栀，音 zhī，也是形声字。形符为"木"，表明属树木类。右边的"卮"为声符。"卮"是什么东西呢？有说是古代盛酒的器皿。"栀"为何以"卮"为声符呢？大概和栀子的果实有关吧。栀子夏天开花，秋天结实，果实呈赤黄色，椭圆形，也许乍看上去像个小酒器吧。

杳／沓："杳"如黄鹤不复返

"杳"和"沓"外貌似乎区别不大，以致经常有人把"杳如黄鹤"误为"沓如黄鹤"，把"杂沓"误为"杂杳"。

杳，音 yǎo。上木下日，会意字。古文字形用太阳深藏在树根下面，会意幽暗、深幽。引申指深邃、广远，看不到尽头，见不到踪影。如"杳无音信""杳如黄鹤""音讯杳然""神仙杳难逢"。

沓，音 tà。上水下曰，也是会意字。曰是说话，话多得像滔滔流水，会意废话连篇。引申指重复、纷乱、繁多，如"纷至沓来""杂沓"。又引申指松懈、拖拉、不麻利，如"拖沓"。又作量词，读 dá。用于叠起来的纸张或其他薄片状的东西，如"一沓人民币""一沓照片""一沓报纸""一沓毛巾"。

奕 / 弈：神采不说"弈弈"

这是两个形声字，下形上声，都读 yì。一眼看去，发觉这哥俩站立的姿势不同："奕"字休闲，仿佛在"稍息"；"弈"字严肃，仿佛在"立正"。古人因此不予细辨而通用之。但在现代汉语中，这两个字已各司其职，马虎不得。

奕，下面的形符是"大"，也就是"奕"的本义：高大。山高大显得盛美，房高大显得明亮，人高大显得精神，所以我们常用"奕奕"形容人的精神焕发。神采只说"奕奕"，不说"弈弈"。

弈，本义是围棋，如"博弈""弈局""弈谱"等。"弈"下面的形符表示相对的两只手，这说明是在"手谈"。由名词义引申为动词义，"弈"也指下棋。如欧阳修的《醉翁亭记》里有"射者中，弈者胜"的句子，其中的"弈者"就是下棋者。明乎此，"博弈"自然不会写成"博奕"。

颍 / 颖："颍水"不是"颖水"

这是两个以"顷"为声旁的形声字，都读 yǐng。形旁在左下角，决定了它们的意义不同。在实际使用中，误"颖"为"颍"的不多见，多见误"颍"为"颖"。

颖，左下角的形符是"禾"。本义指禾穗的末端，借指带芒的禾穗。由禾穗的尖端引申泛指物体的尖端，如锋颖。又引申指毛笔头，如短颖羊毫、竹管兔颖。由尖端又引申指才能出众、聪明，如"聪颖""颖悟""颖慧"等。

颖，左下角的形符是水。本义是水名，即颍河，发源于河南，流至安徽入淮河。和颍河有关的一批地名中，"颍"均不能写作"颖"。

抵 / 抵："抵掌而谈"读写难

"抵"和"抵"仅一"点"之差，但读音迥异。这两个字都是形声字，形符都是"手"，说明字义都和手有关。"抵"以"氏"为声符，读音为 zhǐ；"抵"以"氐"为声符，读音为 dǐ。

同样是手的动作，"抵"是以手拍击，"抵"则是以手抗拒。看过赵本山、宋丹丹小品的人一定还记得，他俩扮演的白云、黑土夫妻恩爱，说话说到默契处，会情不自禁地击一下掌，嘴里还随着手的动作"哦耶"一声。如果用一条成语来形容这一场景，最合适的莫过于"抵掌而谈"了。

可惜，总有人把"抵掌"误为"抵掌"，大概是"抵

抗"的"抵"见得多、用得多，比较熟悉的缘故吧。殊
不知，"抵掌"表现的是融洽，"抵掌"显示的是推拒。
这小小的一点是忽视不得的呀。

口语字辨正 ——

雷伦

口中常说，笔下难写
——口语字说略

本章谈及的字，该怎么称呼呢？

开始，想叫"尴尬字"，因为提起这些字，人们往往是一脸茫然，无从落笔，陷于尴尬之中。但尴尬字的叫法也会让读者尴尬，不知道作者葫芦里卖的什么药。于是，改称"方言字"，书中大量的字具有方言色彩，方言区的读者也更熟悉一点。可是，这显然不符合本章的宗旨。本章并不是为了研究方言、传播方言而写作的。转念一想，索性叫"难写字"吧，还是有人反对。他们担心读者会认为书中收列的都是冷僻字、笔画繁多的字。事实并非如此。几经寻寻觅觅，最后定名为"口语字"，目的就是想突出这些字口中常说、笔下难写的特点。

名称定下以后，选哪些字又颇费踌躇。

口语字有时代差异。有些字当年不绝于耳，如今却销声匿迹。比如"鐾刀"的"鐾"，这个字读音为 bèi，义为把刀刃在布上或皮上摩擦几下，使其锋利。几十年前，无论是国营的理发店还是街边的剃头摊，随处都可听到"鐾刀"的说法，可现在你再听听，别说一般人不明白，连理发行业的从业人员也感到陌生。为此，本章在收字时，强调以现在仍在流行的口语字为主。

口语字有地域差异。有些字甲地无人不知，乙地却从无所闻。比如"箅子"的"箅"，这个字读音为 bì，义为有空隙而能起间隔作用的器具。蒸馒头有竹箅子，生煤炉有炉箅子，马路边的下水道口子上有铁箅子。北京人很熟悉箅子，说起来头头是道；可在上海的一次集会上，当我提出这个话题时，遭到全场哄笑，他们根本不相信还有叫"箅子"的东西。考虑到读者的实际情况，本章收字以南方特别是上海熟悉的为主，适当兼顾其他地区。

口语字，顾名思义，它活跃在口语中。由于口语和字没有一一对应起来，在实际使用中出现了两种情况：一是有意背离口语，选用其他同义的字，如把"牛奶潽出来"的"潽"改用"溢"或"满"，结果有些极具表现力的口语字没有得到充分利用；二是用同音替代的方法随意找本字，弄出了一批不伦不类的组合，如"象牙筷上扳皵丝"变成了"象牙筷上扳雀丝"。前者涉及语言资源问题，后者涉及文字规范问题。本章就是想利用学界语言研究的成果，尽力做一点通俗化的宣传工作，以推动口语字的正确使用。

编写本章的过程，是一个愉快的过程。从小词典查到大词典，从学者专著查到笔记野史，还不时联想到个人的生活经历，流连其中，乐而忘返；然而，这显然又是一次艰难的跋涉，口语字涉及的门类之广，学问之深，不是笔者所能轻松驾驭的，不免有无知妄说之处，还望高明不吝指点。

口语字辨正例析

"一拃宽"的"拃"

"拃"是提手旁，其意义也和手有关。手是劳动的器官，有时也可以作为丈量的工具。比如，"一臂长""一指宽"之类的说法，都是用手作为长度单位。这里的"臂"和"指"没有多少书写难度。可是，如果有人说"一zhǎ宽"呢，这个"zhǎ"字该怎么写？有人可能会犯难了。

原来，"zhǎ"正是我们上面介绍的"拃"字。这是一个形声字，从手，乍声。所谓"一拃"，就是张开的大拇指尖和中指尖之间的距离。"拃"通常用作量词，但也可以用作动词，指用张开的大拇指和中指丈量这个动作。

"一庹长"的"庹"

用手作为长度单位，比"拃"字更让人感到陌生的，是"庹"。它的读音是tuǒ。这个字的历史并不短，早在《字汇补·广部》中便已收录："庹，两腕引长谓之庹。"意思就是两臂左右伸直，左手和右手之间的距离便称之为"庹"，大约合五尺。

要记住"庹"字并不难，对字形稍作辨析即可。"庹"

是由"度"（省掉了下面的"又"）和"尺"两部分构成的。"度"指由此及彼的丈量行为，"尺"则是最常用的丈量工具，两部分合在一起，便构成表示长度单位的"庹"。这是一个会意兼形声字，"度"既是声符，也有表义作用。

"一沓纸"的"沓"

电视里表演魔术，魔术师说"这里是一 dá 纸"，字幕上出现的是"一叠纸"。其实，"dá"字另有其字，应写作"沓"。

"沓"是一个多音字，常用的读音是 tà，本义是说话不加节制，如流水一般，所以字形下面是个"曰"字，上面是个"水"字。由此引申可指杂乱，如"纷至沓来"；又可指松懈、松弛，如"疲沓""拖沓"。

"沓"的另一个读音便是 dá，主要用作量词，用于重叠的包括纸张在内的薄的东西，如"一沓资料""一沓钞票""一沓照片""一沓信纸"。

"一摞碗"的"摞"

杂技演员表演"单车踢碗"，骑在独轮车上不停转动，同时用脚尖把一个个碗往头顶上踢，最后头顶上有一摞碗。这个"摞"字是一个常用口语词，但不少人写不出来。

摞，音 luò，形声兼会意字，"累"既是声符，同时也表示积累、重叠的意思。所谓"摞"，就是一个叠着一个，一个压着一个。这是"摞"的动词意义。而在"一摞碗"中，"摞"则成了量词，表示已经叠放在那里的东西的单位。

"一炷香"的"炷"

炷，音 zhù，它其实是从"主"来的。"主"是一个象形字，古文的写法很像一个灯座，上面的一点，是灯碗里跳动着的灯头。这是"主"的本义。由于灯头是灯的最为关键、最有价值的部分，由此引申出主要、主体、主位等一系列的意义。

在后来的用字实践中，"主"主要用于引申义，其本义则由"炷"来代替。所以说，"炷"是"主"的加旁分化字。"炷"作名词用时，除了表示灯头、灯芯外，还可以表示灯、烛，表示可燃的柱状物，如艾炷；"炷"作量词用时，则用于点燃的香，注意，是点燃的香，存放在盒子里的香可称束，称支，不宜称炷。

"窨井"的"窨"

窨，读音为 yìn，这是一个形声字，上面是形符，下面是声符。它的本义是地下室、地窖。有农村生活经验的人，一定听说过"地窨子"的说法，用的就是这个"窨"字。《水浒全传》第二十二回："铜锣一声响，宋江从地窨子里钻将出来。"

那么，什么是"窨井"呢？就是类似地下室的井状构筑物。这是城市市政建设中的配套项目，在上下水道或其他地下管线需要检查或疏通时，窨井提供了施工的便利。城市窨井一般建在马路的两旁，上面用窨井盖遮蔽。"窨井"不能写成"阴井"或"隐井"。

"篦子"的"篦"

在家常用的梳头工具中，一般人都会写梳子，但不一定会写篦子。篦，音 bì，《说文解字·竹部》新附："篦，导也。从竹，毘声。"这是古代便有的一种梳发工具，通常用竹子制成。它和梳子的区别是：梳子齿疏，篦子齿密；梳子的齿是单面的，篦子则是中间有梁，两侧有齿。《镜花缘》中说篦子的形状就像汉字中的"非"字。

戚继光在《练兵实纪·练将篇》中说："尝见东南受兵之处有谣语云：贼是木梳，兵是竹篦。盖言梳还有遗，篦则无遗矣。"民谣抓住篦子齿密的特点，揭露官兵抢掠百姓比盗贼还厉害。

"水凼"的"凼"

雨过天晴，地上会留下积水，东一摊，西一处，一般面积不大，水量不多，人们称之为"水 dàng"。如果要写成汉字，你也许会写成"水塘"吧。但显然是说不通的。"塘"是有一定蓄水量的池子，如鱼塘。这和"水 dàng"不是一回事。

"水 dàng"的正确写法是"水凼"。"凼"是一个会意字，外面的半框是坑，中间是水，水在坑中，称之为"凼"。在我国南方农村，把垃圾、杂草、树叶、粪尿等置于坑中沤肥，这个坑叫"粪凼"，沤出来的肥称"凼肥"。

"春碓"的"碓"

每逢春节，总仿佛听到春碓的声音，在那单调的节奏里，洋溢着丰衣足食的快乐。

碓，音 duì，舂米的工具。老一辈的人，特别是有农村生活经验的人，大概都看到过春碓的场景。

通常都是支起一根木杠，在木杠的一端装上石杵，石杵的下方再埋下石臼，便宣布大功告成。这一装置称为碓。在实际操作时，用脚踩着木杠的一端，让石杵随着木杠一起一落，落在下面的石臼中，以脱去臼中稻谷的皮。

"碓"是一个形声字。左面的形符是"石",和石杵、石臼有关;右面的声符是"隹",兼有表义作用。"隹"是短尾巴鸟的统称,石杵正是形如鸟头,一起一落仿佛鸟在啄食,可见这个"隹"字是大有奥妙的。

"疰夏"的"疰"

记得小时候,为了防止疰夏,每逢立夏那天,除了吃蛋外,还要称人。街坊邻居会找出一杆大秤,把各家的孩子挨个称一遍。

据说,这风俗还是从三国时传下来的。大将赵子龙送阿斗给刘备夫人孙尚香抚养时适逢立夏,孙夫人当着众人的面为阿斗称了体重,以后每年立夏都称一次,以此表明抚养阿斗的心迹。后来民间仿效,便有了称人的风俗,传说称了以后体重不会减轻。

疰,音 zhù,本义为一种慢性病,因邪气灌注而发生。所以是病字头,里面是"灌注"的"注"字省掉三点水。中医所说的"疰夏"发生在夏季,患者多为小儿,症状是低热、厌食、消瘦、神怠。从医学角度来说,这是因排汗机能发生障碍而引起的。有次看到某报把"疰夏"写成了"蛀夏",仿佛体重是被虫子蛀掉似的,显然是受了同音字的干扰。错得有趣。

"戥戥分量"的"戥"

人和人之间发生矛盾时，有时会说一句气话："自己也不戥戥分量！"说这句话时总是语含轻蔑，仿佛对方不值一提似的。这便和"戥"字的字义有关。

"戥"是一个后起字，读音为 děng，义为一种衡具。它是专门用来称量微小的物品的，如金银或贵重的药材，计量单位最大的是两，小到分、厘。所以提到"戥子"时，总要加一个"小"字，称之为"小戥子"。这个字由"星"和"戈"会意组成，就透露了微小的意思。后由名词义引申出动词义，指测定重量的意思。"戥戥分量"，言外之意，你没有几斤几两。

"扳敪丝"的"敪"

你一定听说过这句话："象牙筷上扳 què 丝。"这句话若换一种说法，就是"鸡蛋里面挑骨头"。但这个"què"字该怎么写呢？

某俗语工具书写作"雀"，并解释说："在鸟雀身上找细微的东西。"这个解释未免有偷梁换柱之嫌。分明说的是在"象牙筷"上扳"què 丝"，怎么扯到"鸟雀"呢？在象牙筷上扳不到"què 丝"，而在鸟雀身上找细微的东西还不容易吗？鸟雀的羽毛不就是一丝一丝的吗？

不断听到有人提出这个问题。

"què 丝"的"què"，正确的写法是"皵"。这是一个形声字，它的本义指树皮因粗糙而裂开，在古代工具书《尔雅》中便收有这个字。由树皮的破裂而引申指皮肤的皴裂。凡是物体出现类似树皮裂开的现象，都可称之为"皵"。所谓"皵丝"，就是破裂出来的丝状物。象牙筷子用象牙制成，即使用力在上面扳，也是扳不出"皵丝"的，因此"象牙筷上扳皵丝"这句话，就有了故意找碴的意思。

"椅子枨"的"枨"

一把椅子，各个部件都有自己的名称。坐的部分是椅子面，靠的部分是椅子背，支撑重量的是椅子腿，而在腿和腿之间的横木呢？叫椅子 chèng。有人把"chèng"字写成了"撑"，那是不对的。"撑"字是动词，而"椅子 chèng"的"chèng"是名词。它的正确写法是"枨"。

"枨"是一个形声字，本义是斜柱。它是用来给倾斜的物体起支撑作用的。这样的柱子往往像牙齿一样直立，所以"枨"的形符是"牙"。由斜柱引申指家具腿间的横木，如"椅子枨""桌子枨"。

"鸡嗉子"的"嗉"

养过鸡的人都知道，只要在鸡嗉子上摸一把，就知道鸡的吃食情况。嗉子鼓鼓的，一定吃得很饱；嗉子瘪瘪的，就要赶快喂食。

嗉，音 sù，鸡的消化器官的一部分，因形如口袋，又称嗉囊。它位于鸡食道的下部，伸手就能摸到。鸡属于禽鸟一类，郭璞注《尔雅》时，称"嗉"是鸟类的"受食之处"。鸟在进食时，食物先进到嗉囊里，经过润湿和软化，再进入到胃，这样利于消化。

顺便说一下鸟类的胃。鸟类的胃不同地区有不同叫法，有的称"胗"（zhēn），有的称"肫"（zhūn）。"鸡胗"和"鸡肫"，读音、字形不一样，其实所指都是鸟类的胃。

"葱㸆鲫鱼"的"㸆"

"葱㸆鲫鱼"是南方的一道特色菜，鲫鱼皮酥肉嫩，汁浓味美，又有葱香浓郁，让人垂涎。但大小饭店的菜单上，都把"葱㸆鲫鱼"写成了"葱烤鲫鱼"。其实"烤"和"㸆"是两种完全不同的烹饪方法。

"烤"是将被烤物体直接靠近火源使之成熟，如烤羊排、烤红薯；"㸆"则是用文火烧煮，使锅中的汤汁慢慢变浓或烧干，以达到"入味"的烹饪效果，"葱㸆鲫鱼"

便是一例。

"熇"是一个后造字，读音为 kào，古代曾写作"焅"，宋代吴自牧《梦粱录》中有"荔枝焅腰子""五味焅鸡鹅"的记载。《现代汉语词典》以"熇"为正条。

"腌笃鲜"的"笃"

上海人都知道"腌笃鲜"，这道菜用咸肉、鲜肉和竹笋做成，不但味鲜而且汁浓，吃到嘴里柔嫩滑腴。北方大都没这道菜，但有笃豆腐、笃面筋、笃三样之类，同样会用到这个"笃"字。

不过，据烹饪界的专家调查，"笃"字历来没有一个统一写法，各地自行其是，写成"独、渡、笃、都、督、度、醋"等，甚至有写成"燽"的。考虑到"笃"的厨艺特点，烹饪专家建议以"笃"字为首选字。

"笃"与煮、烧有点近似，但汤水少于煮而多于烧，在烹制过程中主要以中小火催烂，锅里还不停地"咕嘟"有声。这个"笃"字不但有烹饪用字的类型特点，左边是个"火"字；在读音上又如闻其声，加上"笃"字可表示持续专一，正可以用来传达长时间烹制的意思。

"盐焗鸡"的"焗"

焗，音 jú，这是一个新造字，但《现代汉语词典》等工具书已收入。它说的是一种烹饪方法，盐焗鸡便是用这种方法做成的，开包时盐香扑鼻，肉嫩味美。

据说，这种方法是盐民首先发明的。盐民在海边煮盐时，抓到鸟或鱼之类，洗净包好，塞到高温盐堆里使之熟烂，食用时别有风味。后来，这种方法被厨师移用。他们把宰杀的鸡经调味处理后，用油纸包好放入密封的器皿中，同时配以刚炒制好的粗盐，小火加温致熟。

为什么要用"焗"这个字呢？"火"自然是和烹饪有关，"局"不仅是考虑到读音，更因为此法是在密封的环境里完成的，有局促、迫促的意思，可谓以一个声符尽传精神。

"炝虎尾"的"炝"

"炝虎尾"是一道名菜。所谓"虎尾"，是鳝鱼的尾部，因其上有深褐色的虎纹斑点而得名。

炝，音 qiàng，一种烹饪方法。其特点是将食品在热油或沸水中迅速加温，然后拌以调料。"炝虎尾"便是先将"虎尾"放入沸水锅中速烫，然后用漏勺捞出，整齐排列在盆中，浇上清汤及调味料即成。其特点是肉嫩味鲜，口感爽滑。

炝的方法在烹饪中是常用的，如"炝腰花""炝蛤蜊""炝菠菜""炝冬笋"等。

"戗虾"的"戗"

"戗虾"这道菜，在饭店的菜谱上，十有八九写作"炝虾"。甚至在一些烹饪专著中，也是"炝、戗"不分，"炝虾"和"戗虾"混用。实际上，"炝"是热加工，所以"炝"以"火"为形符，先加温后调制；"戗"是冷加工，是把活虾或活蟹之类，置于调味料中浸渍而成。

"戗"是一个多音字。读音为 qiāng 时，其义为逆着、倒着。逆风而行，口语中称"戗风"；两个人意见不合，发生言语冲突，那是"戗起来了"。读音为 qiàng 时，其义为支撑，如"身体戗不住"，就是顶不住；和好的面中再加入面粉，就成了"戗面"；活蹦乱跳的虾强行戗入调味料，便成了"戗虾"。后一个读音的义项，其实还是从逆着、倒着引申而来的。

"烀白薯"的"烀"

烹饪是一种艺术，同样是加温，各有巧妙不同。

烀，音 hū，这是烹饪方法的一种。它的要点是，把食物放到锅里后，加上适量的水，然后盖上锅盖加热，直到食物由生而熟。它不同于煮，放水量没有煮那么多；它也不同于蒸，加工的食物没有和水隔开，而是直接置于水中。"烰"可以说是在半煮半蒸之间。"烰"加工的食物，总是经得起长时间加温的，如白薯、玉米、芋艿、菱角之类。

凡是"烰"出来的食品，总有一种软乎乎、热腾腾的效果。

"生煸草头"的"煸"

煸，音 biān，这是一个后起的烹饪用字。作为一种烹饪技法，"煸"的特点是用大火沸油加热成菜。常用的有生煸、熟煸、干煸等多种煸法。比如生煸草头，炒锅要热，然后加油近沸，再将草头放入迅速翻炒，见草头变色即兑汁，颠翻几下便可装盘。全过程仅几秒钟。

干煸则是川菜特色，"干煸四季豆"见于大小饭店的菜谱。为了使菜肴耐咀嚼，有回味，干煸的时间明显长于生煸、熟煸。

"煺毛"的"煺"

有一句民间俗语："死了张屠户，不吃浑毛猪。"意思是说，少了谁事情也能办好，就好像说少了谁地球照样转一样。

"浑毛猪"是指没有去毛的猪。凡是出售的猪肉，都是不带毛的。屠夫宰杀猪，有一道必不可少的工序，就是把猪用滚水烫，然后快速去毛，让猪皮显得光洁卫生。这道工序就叫"煺毛"。宰杀鸡鸭同样要经过这道工序。

"煺"是一个形声兼会意字。从火，和滚水有关；声符用一个"退"字，表示读音为 tuì，同时兼有表义作用，意谓让毛从屠宰物的身上退出。

"嗍螺蛳"的"嗍"

江南饮食小店，大抵有一道家常菜：炒螺蛳。这是用常见的淡水螺为原料做成的。螺肉当然可以用牙签挑出来吃，但更多人习惯于嗍。

嗍，音 suō。这个嗍的过程，还是要讲究一点技巧的。把一个炒好的螺蛳放到唇齿之间，然后对着螺口猛力吮吸，通过气流的作用，螺肉便会吸到嘴里。有些人不熟悉"嗍"这个字，结果出现了形形色色的想当然的写法："吮螺蛳""缩螺蛳""啜螺蛳"……

清代胡文英在《吴下方言考》一书中，曾考证过这个字。他说："嗍，咀吮物也。吴中谓咀物令出曰嗍。"在一般的工具书中，也查得到这个字。

"牛奶潽了"的"潽"

某中学生在一篇课外作文中，说自己专心看书，忘了照管厨房，妈妈在一旁喊道："赤豆粥快要铺出来了！"老师认为"铺"字是个别字，改成了"溢"。学生说口语中只说"pū"而不说"溢"，老师又改成了"满"。学生仍坚持说"满"和"pū"不是一回事。这位老师回教研室后和同事们一起讨论，得到的结论是，有些口语音是找不到对应的汉字的，"pū"就是一例。

其实，词典里是可以找到"pū"的，它的写法是"潽"。"潽"的本义是水名，后来也指液体因沸腾而溢出。"牛奶潽了""稀饭潽了"，都用这个"潽"字。

"龅牙"的"龅"

这里说的"龅牙"，就是北方人说的"龅牙"。

报上读到一则材料，说是某导演在选演员时，看中了一位群众演员，因为他有两颗大龅牙，很适合剧情需要。导演通知他到剧组报到。这位群众演员喜出望外，为了使自己出镜形象好看一点，连夜做了牙齿矫正手术。等到他"焕然一新"，导演的失望可想而知。

"龅牙"或者说是"龅牙"，其特点是牙齿外露。龅，音 bāo，这是一个形声字，"包"兼有表义作用：嘴唇包不住牙齿。龅，音 bà，同样是一个形声字，在上海方言中，读若"爬"音，让人联想到牙齿"爬"到嘴唇外面。"龅牙"是可以通过手术矫正的。

"眍眼睛"的"眍"

在一篇报道中，记者写抢险人员一连三天没睡觉，"眼睛都抠下去了"。这里的"抠"字是用错了的，该用的字是"眍"。

眍，音 kōu，义为眼睛深陷，所以是目字旁。《醒世恒言·两县令竞义婚孤女》中有一个用例："萧雅一脸麻子，眼眍齿龅，好似飞天夜叉模样。""眼眍齿龅"——眼睛凹进，牙齿突出。

"抠"和"眍"虽然同音，但词义有别。"抠"是动态的，义为用手指或尖物往里面挖，这是一个动词；而"眍"是静态的，客观表现深陷进去的样子，这是一个形容词。

"齉鼻子"的"齉"

感冒以后，鼻子不通，说话齆（wèng）声齆气。这种状态，口语里有一个专门的说法，叫"nàng 鼻子"。记得读初中时，我们问老师"nàng"字怎么写，竟把老师也难住了。可见，这是一个让人尴尬的字。

其实，在《说文解字》中，就有一个表示"nàng 鼻子"的字，不过它的读音、写法和现在不一样。《说文解字》中写作"齅"，读音为 qiú，意思是"病寒鼻窒也"。《释名·释疾病》："鼻塞曰齅。齅，久也。涕久不通遂至窒塞也。"后来"齅"演变为"齉"，就是现在通行的"齉鼻子"的"齉"，从鼻，囊声，读音为 nàng。这是《现代汉语词典》中笔画最多的一个字，共有三十六笔，怪不得当年连老师也写不出。

"戆头戆脑"的"戆"

戆，在上海话中是一个常用字。可以组词为"戆大"，《官场现形记》中便有用例："你这个人，真正戆大！叫他先来签了字，怕他走到那里去？"也许因为是方言字的缘故，加上"戆"和"憨"二者字形相近，常见有人把"戆"写成了"憨"，连上海人也未能幸免。

其实，"戆"和"憨"读音不同，词义也有明显区别。戆，音 gàng，《说文解字》的解释是："愚也。"是在迂腐中表现出来的愚蠢，脑袋瓜不知变通，"戆大"就是傻瓜。憨，音 hān，当然也有傻的成分，但那是在痴呆中表现出来的老实和可爱，构成的词多含有褒义，如"憨厚""憨直""憨实"。

"炝耳朵"的"炝"

2006年中央电视台的春节晚会，有一个川味相声叫《pā耳朵》。演员一口一个"pā"字，可难坏了字幕制作人员，他们想了半天想出了一个"粑"字。其实这是"糍粑"的"粑"（bā），不是"pā耳朵"的"pā"。

"pā耳朵"的"pā"字的正确写法是"炝"，从火，巴声。为什么是火字旁呢？原来它的本义是用火把东西炖得很软、很烂。比如"肉炝了"，就是肉炖烂了。由此引申指柔软的东西，如"炝柿子"就是软柿子。所谓"炝耳朵"，字面意思就是软耳朵,指那些听老婆话的"妻管严"型的男人。

"硌牙"的"硌"

有人把错别字比喻成沙子，一不小心牙齿便会被gè一下，破坏了阅读感受。这个比喻是很形象的。

"gè"字怎么写呢？石字旁加一个"各"。这是一个多音字，不同的读音表达的是不同的意思。当它读作luò时，指山上的大石头；读作lì时，则指普通的小石子，义同沙砾的"砾"。在现代汉语中，这两个读音已很少使用，更多的是读作 gè，用作动词，义为触着像石子一样硬的东西而感到难受或导致受伤。《红楼梦》第十六回便有一个用例："妈妈很嚼不动那个，倒没的硌了他的牙。"

"发嗲"的"嗲"

"嗲"是一个后起字，它是根据方言发音创造出来的，读音为 diǎ。"发嗲"就是撒娇，让嗲的特色充分发挥出来。

在上海方言中，"嗲"的用途极为广泛，它既可以形容声音的千娇百媚，也可以形容体态的婀娜多姿；既可以称赞菜肴的鲜美可口，也可以称赞艺术的精湛绝伦。一个"嗲"字简直可以涵盖一切。为此，上海媒体上曾开展过关于"嗲"的讨论，有人提出"何必曰嗲"，反对"嗲"字一统天下。然而，"嗲"字的魅力却是挡不住的。

现在，"嗲"字不但已经从上海走向全国，而且还收进了《现代汉语词典》等规范工具书。它虽然不如当年活跃，但仍然有着十分生动的表现力。让愿意嗲的继续嗲吧。

"殟塞"的"殟"

形容一个人心里不舒服，流行的词语是"郁闷"。

上海地区的口语中，还有另外一种说法，有些人写作"挖塞"。把堵塞在心头的东西挖掉，照理应该畅快才是呀，可见这个"挖"字是于理不通的。"挖塞"正确的写法应该是"殟塞"。

殟，读音为 wēn，《说文解字》中的解释是"暴无知也"，就是突然间失去知觉。清代的文字学家王筠在《说文解字句读》中解释得更为详细一点："殟，盖谓中痰、中恶，卒然昏不知人也。"可见，这是一种严重的症状。"殟"由此又引申出心闷义。"殟"者阻滞，"塞"者不通，两者都表示郁积于胸、无法宣泄，故可联合构成"殟塞"一词。

"糗事"的"糗"

近几年来，"糗"字走红，在媒体娱乐性的报道中，经常有明星自曝"糗事"，或者互揭"糗事"。某媒体甚至有常设栏目《糗事一箩筐》。

"糗"，音 qiǔ，形声字，从米，臭声。其本义是"熬米麦也"，即用米麦做成干粮。有人考证这种干粮属炒麦粉一类。"臭"兼有表义作用，它不是"香臭"的"臭"，而是"乳臭未干"的"臭"，读音是 xiù，在"糗"字中表示干粮的气味。

"糅"本是名词，引申作形容词，指麦粉、面条或饭食粘连在一起，或在水的作用下，呈糊状。北方人说的"面条儿煮糅了"，就是指这种不尴不尬的状态。

由食物的糅，又引申出人物的糅。凡是在生活中发生了让人哭笑不得的事、出乖露丑的事，说得更明白一点，就是大大小小的洋相，都可称之为"糅事"。

"脾气怵"的"怵"

说一个人脾气坏，上海人口语中常会用到一个字：qiū。这个"qiū"字该怎么写，恐怕不少人会挠头皮。但在古代字书中，是找得到这个字的。它的写法是竖心旁加一个"休"字：怵。

怵，《广韵·尤韵》的解释是："戾也。"什么是"戾"呢？你一定会想到一个成语：暴戾恣睢。"戾"是脾气乖戾、性格蛮横、态度粗暴的样子。凡是"脾气怵"的人，总是像刺猬一样，让人觉得不容易接近和沟通。

这是一种性格缺陷，应该自觉纠正。

"齁死他"的"齁"

有一个民间笑话，说是吝啬的父亲要两个儿子看着咸鱼吃饭，看一眼吃一口，不准动筷子搛。弟弟忽然向父亲告状说："哥哥多看了一眼。"父亲说："hōu 死他！"这个"hōu"字便写作"齁"。

"齁"字古已有之。《广韵·侯韵》中说："齁，鼻息也。"它的本义是熟睡时的鼾声，所以是鼻字旁。引申指因寒冷引发的喘息粗重的哮喘病。又由哮喘的特征，引申指因食物太咸或太甜造成的喉部不适。上述笑话中的"齁死他"，正是咸死他的意思。北方方言中还可用作程度副词，"齁咸"就是非常咸。

"齁"本是生理感觉，在上海方言中，又用来形容一种心理感觉。凡是心里不舒服，又一时发作不出，便可称之为"齁"。

"滗出来"的"滗"

滗，音 bì。这是生活中的一个常见动作。它的基本特征是：把渣滓或浸泡物挡着，让液体慢慢流出来。比如中药煎好的时候，就会把药罐子斜拿着，让药汁缓缓向外淌出，而把药渣留在罐里。这就是滗。

"滗"这个字，在古书中早有记载，只是人们未加注意。比如汉代服虔《通俗文》中说："去汁曰滗。"南朝顾野王《玉篇》中说："滗，榨去汁也。"《新儿女英雄传》一书中就有用例："大水看药吊子里熬剩半罐儿了，就滗出来，满满一小碗。"

"淲出去"的"淲"

说到水的形态，最常用的字是"流"，还可以用"淌"，或者细化为喷、涌、漫、滚……除此以外，口语中还有一个字：淲。

淲，读音为 biāo。这个字早在《诗经·小雅》所收的《白华》一诗中便有用例："淲池北流，浸彼稻田。"历代《诗经》专家对"淲"的解释是"水流的样子"。究竟是什么样子，却语焉不详。由"淲"叠用为"淲淲"一词，释义仍然是"水流貌"。不过，类似"秋风何习习，秋雨何淲淲"的大量用例，让我们对"淲"字的词义有了想象的空间。

正是在这个基础上，"淲"字引申出了喷流的义项。所谓"淲出来"，就不是一般地流出来、淌出来，而是急速地射出来。它表现了水的速度和力度。在一篇报道救火的新闻中，说水龙头"淲"出了十几层楼高的水柱，这个"淲"字是用得很传神的。

"乿开点"的"乿"

看到这个"乿"字，你一定感到陌生，其实一般工具书中都查得到，只不过解释详略不同而已。

"乨"，音 dū，会意字。《现代汉语词典》的解释是："用指头、棍棒等轻击、轻点。"比如，画家用毛笔随意点染，便称为"点乨"。这是一种国画笔法。

生活经验告诉我们，把一堆散乱的纸张理齐，一般都要在桌面上轻轻碰撞几下，这种动作也叫作乨，如"把材料乨齐""把钞票乨齐"。它符合"乨"的"轻击、轻点"的字义。

"乨"在上海话中，还有一个更为常见的用法：丢掉。如东西不用了，可以说"乨开点"，甚至是"乨远点"。这个"乨"相当于扔、掼。和这个义项相联系的，是"乨"可以用作量词，如"衣服上有一乨墨"。

"汏衣裳"的"汏"

"汏"是一个方言用字。上海人称家庭主妇为"马大嫂"，其中的"大"就是"汏"的谐音。"马大嫂"即"买汏烧"——买菜、汏菜、烧菜之谓也。经常有人把"汏"误写成"汰"，显然和字形相近有关。

从汉字的历史来看，"汏"和"汰"有剪不断、理还乱的关系；但在方言用字中，还是要把"汏""汰"区分开来。"汏"可以读 tài，和"淘汰"的"汰"同义；

而在方言中，它的读音是 dà，意思是洗。段玉裁在注《说文》时说："今苏州人谓摇曳洒（即洗）之曰汰，音如俗语之大。"章太炎在《新方言·释言》中也说："江南运河而东，至于浙西，多谓洒（即洗）为汰。"他们的考证是可信的。

"晾衣裳"的"晾"

有一首儿歌唱得好："门前有个小姑娘，独角辫子两边晃，抬头看见大太阳，拎个篮子晾衣裳。"

把衣服放在太阳下或通风处使其干爽，书面语中的说法是"晒衣服""晾衣服"，但在某些地区的口语中还有如儿歌中的说法："晾衣裳"。当然，不仅衣服可以晾，其他东西也可以晾，如"晾被头""晾渔网"。

晾，音 làng，晒的意思，故形符是个日字旁。别看这个字有一点方言色彩，其实古籍中的用例并不少。如陆游《春日》诗："迟日园林尝煮酒，和风庭院晾新丝。"一派和谐安宁的气氛。陶宗仪《辍耕录·髹器》："待漆内外俱干，置阴处晾之。"髹，音 xiū，把漆涂在器物上。这里谈的是漆匠的工艺。由此可见，在人们的日常生活中，这个"晾"字还是个常用字呢。

"囥东西"的"囥"

在一次会议上，某人为了强调自己的光明磊落，一连用了四个"不"字：不瞒、不 kàng、不藏、不掖。瞒、藏、掖是常用字，一般人都不陌生；唯独这个"kàng"字，带有较重的方言色彩，会写的人恐怕不多。它对应的汉字是"囥"。

囥，古代韵书《集韵》说它是"口浪切"，折换成现代读音是 kàng。这是一个形声字，外面的方框表示藏匿的处所，里面的"亢"字表示读音。《汉语大字典》《汉语大词典》引了同一段山歌作为书证："小姑嫌少心不愿，爷娘面前说长短。说的嫂嫂私底囥一碗，厨里不见一只红花碗。""囥一碗"就是私自藏起来一碗吃的东西。

"戽水"的"戽"

记得小时候，一到下雨天，由于城市地下水管破旧，往往造成地区积水。有时，连家里也是一片汪洋。戽水，便成了小时候的一个难忘的记忆。其实当时用的不是戽斗，而是铁皮畚箕、搪瓷碗之类。

戽，读音为 hù，本是名词，指旧时农村汲水灌田的农具。因其形如斗，故形符是个"斗"字，口语中称"戽斗"。在操作时，两人对立，双手抓住戽斗两边的绳子，让戽斗里汲满水倒入田中。由此引申出动词的意义，指一种泼水的动作。

诗人陆游写有一首《喜雨》诗，其中有两句是："水车罢踏戽斗藏，家家买酒歌时康。"久旱逢甘霖，不用再踏水车、再用戽斗，农人的喜悦心情可想而知。

"搪风"的"搪"

京剧《沙家浜》"智斗"一场中，阿庆嫂有一句唱词："那草包倒是一堵挡风的墙。""挡风"就是抵抗风、阻拦风。在上海地区的口语中，也说成"搪风"。

搪，音 tāng，从手，汤声。古代字书《字汇》中收有这个字："搪，以手推止也。"义为用手阻挡，这是一个很形象的动作。《汉语大词典》举出的书证是："搪风穿件厚棉袄，谁云不及紫龙袍。"（《白雪遗音·南词·冬来万物》）引申可泛指挡住，如"他遇事总是搪在前面"。

"隑牌头"的"隑"

"隑"这个字，大多数人都会感到陌生。它是一个方言字，读音是 gāi。不过，这个字的历史倒是很长的，早在汉代《方言》中就收进去了，其本义是"陭（yǐ）也"，就是梯子。郭璞在注里说得很清楚："江南人呼梯为隥，所以隥物而登者也。"梯子是靠在别的物体上而供人攀登的用具。

"隥"本是名词，因为是靠在别的物体上面，由此又引申为动词，指倚靠。章太炎在《新方言》中说："浙西谓负墙立曰隥，仰胡床而坐亦曰隥。"靠墙站着是隥在墙上，靠床坐着是隥在床上。这种说法在口语中是经常听得到的。

"隥牌头"的意思是仰仗后台。"牌头"指的是有实力的背景，"隥"仍然是倚靠的意思，不过是把具体的倚靠演变为抽象的倚靠而已。做人要靠自己的努力，而不是"隥牌头"。

"搨便宜"的"搨"

"搨"的这一义项，原来和"拓"有关。它本指从器物上拓印文字或图画；也可以用于指影摹，即把摹纸蒙于书画真迹上依样画葫芦。这一义项后来多写作"拓"。早在 1955 年公布的《第一批异体字整理表》已明确此义以"拓"为规范字，"搨"为异体字。

但"搨"还有另一个义项，即漫不经心地涂抹。这可能和"拓"不同于原创，不必花太多创作的工夫有关。

比如"随便搨几笔"，书画家常以此自谦。"搨药膏""搨胭脂"都可以用这个"搨"。最后再由实到虚，用来指侥幸取得，出现了"搨便宜"的用法。

"擤鼻涕"的"擤"

小时候猜过一个谜语："两条小黄狗，窜到洞门口，来了五个警察，拖了就走。"谜底是擤鼻涕。

"两条小黄狗"指两条黄鼻涕，"五个警察"指五根手指，鼻涕流下来，"警察""拖了就走"，自然是擤鼻涕。但当时我们只知道说"xǐng 鼻涕"，却谁也写不出这个"擤"字。

"擤"是一个会意字，从手从鼻，说明"擤"是手和鼻子的亲密接触。《说文解字》中没收这个字，民间杂书中却有记载。《正字通》引《俗用杂字》说："擤音省（xǐng），手捻鼻脓曰擤。"就是按住鼻孔、猛力出气，使鼻涕流出来。这是保持个人卫生的一个常见动作。

"掴耳光"的"掴"

某演员在电视里谈创作体会，说为了追求表演的真实性，他让演对手戏的女演员狠狠地掴自己的耳光。可惜电视字幕把"掴"字误成了"刮"。"掴"和"刮"

虽然都是动词，但表示的是不同的动作。

掴，音 guó（又音 guāi），古代字书《玉篇·手部》的解释是："掌耳也。"也就是打耳光。唐诗中有两句耐人寻味的诗："父怜母惜掴不得，却生痴笑令人嗟。"可见溺爱不是正确的教育方法。

"掴"是一个形声字，从手，国声。某词典在分析此字的结构时颇为有趣："本义作'批'解，乃指以手掌击人而言，故从手。又以国为政治组织中领域之最大者，有整然不可分之意；以掌击人，乃拼五指与掌整然甩去，其着力处亦较拳为大，故掴从国声。"由"掴耳光"居然联想到了国家。

随意掴人耳光是暴力行为，把"掴耳光"写成"刮耳光"则是文字错误。

"趿拉"的"趿"

就字来说，"趿"字可谓源远流长；不过，在用法上古今略有区别。古代单用一个"趿"字，现代则习惯和"拉"字连用，组成"趿拉"一词。

趿，音 tā，形声字。《说文解字》的解释是："进足有所擷取也。"这句话看上去有点深奥，其实说穿了很简单。"进足"就是把脚伸进去；"有所擷取也"，则说明脚是看准目标的，不是随意乱伸。前后连在一起，不就是穿鞋吗？脚尖伸进鞋里去，脚跟踩着鞋后跟。这是一种很休闲的穿法。

也许"趿"字比较形象吧，在文学作品中是很常见的。《文明小史》第四十五回："刚才叩门，有一个广东人圆睁着眼，趿着鞋走将出来，开了门。"用一"趿"字，人物的神态立刻显现出来。现代作品用"趿拉"，具有同样的表达效果。比如刘亚舟《男婚女嫁》第六章："说着，蹦下地，趿拉着鞋，朝西院他姥爷家跑去了。"

正因为"趿"突出了踩着鞋跟，所以有些方言中就把没有跟的拖鞋称为"趿拉儿"，把木屐称为"趿拉板儿"，不但绘形，而且绘声。

"墨水洇开"的"洇"

钢笔风行的年代，用的是墨水。一不小心，墨水会滴在纸上，慢慢渗透、扩散。这种现象就称为"洇"。当然也不限于墨水，不限于纸张，凡是液体向四周弥漫的，都称为"洇"。据古代字书《说文解字》《玉篇》等解释，"洇"本是水名，表示液体在纸张上、布帛上或土壤中散开，应该用的字本是"湮"字，但现在用字习惯已发生变化，应以"洇"字为规范。

"摞着干"的"摞"

"摞"是个多音字，在"摞着干"中，应读作 biào。这种说法本有着浓郁的方言色彩，但现在似乎已走向全国，成了一种颇为流行的句式。

"摞"为什么可以这样用呢？

原来，"摞"有一个常用义项，是通过捆绑让物体连在一起，如"葡萄架被风吹歪了，用绳子摞一下"。由此引申，又可用来形容人和人之间关系密切，胳膊紧紧地勾在一起，如"她俩又说又笑地摞着向服装店走去"。进一步引申，便是"摞着干"了。

这里的"摞"是互相盯着、比着，暗中使劲较量，一定要分个你高我低。可见，"摞着干"往往有着赌气的成分，或者是挑战的意味。它经常用于竞赛的场合，渲染一种你追我赶的气氛。

"筷子搛菜"的"搛"

中外饮食习惯不同，欧美人用刀叉，中国人用筷子。外国人到中国来，在好奇心的驱使下，总喜欢尝试一下筷子，但很难做到得心应手。

和筷子搭配的动词很多，如："夹"上一块排骨，"挑"起一根粉丝，"扒"出一块笋片，但用得最多的一个动词还是"搛"。可惜这个字不少人会说不会写。

"搛"是一个很有特点的动作，它不同于"夹"的充分用力，也不同于"挑"的向上运动，更不同于"扒"的寻找目标，而是对着自己想吃的菜，巧妙地运用手指的力量，自然而然地取将过来。

"搛"是一个形声字，从手，兼声，读音为 jiān。"兼"也有表义作用，表示两根筷子兼而用之，相互配合，协同完成取菜任务。

"锔碗匠"的"锔"

"三百六十行，行行出状元。"锔碗匠也曾是其中的一行。读过鲁迅小说《风波》的人应该还记得，六斤一不小心把空碗落地上，破了一个很大的缺口，后来是用十六颗铜钉接合起来的。这个接合的工艺便称之为"锔"。女作家柯岩在她的作品《奇异的书简》中，也专门写到过锔碗匠。

锔，音 jū，古代字书《玉篇·金部》说它是"以铁缚物"。这个"铁"指的就是金属做的"锔子"——一种类似钉书钉那样的两脚钉，它可以紧紧地把破碎的陶瓷器或铁器接合起来。

今天，随着社会生活的变化，走街串巷的锔碗匠也许正在淡出我们的视野，但"铜"这个字还会长时间留存在史料中，了解一下还是有必要的。

"扽线头"的"扽"

扽，音 dèn，形声字，从手，屯声。指手的动作。

裁缝手工做衣服，当缝到最后一针时，会把衣服的一端拉住，另一只手突然发力，把线头拉断。这个动作便叫作"扽"。

衣服没有穿好，内衣的袖子缩在里面，感觉别别扭扭，人们会把手伸到外衣里面，把内衣袖口硬拽出来。这个动作也叫作"扽"。

《广雅·释诂一》："扽，引也。""引"也就是拉。有时还不是拉一下就松手，而是用力拉住，甚至于拉住不放。柳青《铜墙铁壁》第一章中便有一个例句："吴忠使劲扽着骡子的笼头，紧张地朝着他的首长招手。"

总之，"扽"是指抓住物体用力。

"掰苞米"的"掰"

有一句很形象的歇后语：熊瞎子掰苞米——掰一个丢一个。掰，音 bāi，意思是用力使东西分开。"掰苞米"就是把玉米棒子从秆子上掰下来。在口语中，"掰"还有另一种说法：pǐ。它同样是指用力使东西离开原来的物体。一般人会写"掰"，却不一定会写"pǐ"。

其实"pǐ"这个字，在《现代汉语词典》等工具书中是查得到的。它的写法是"擗"，典型的形声字。本义是以手拍胸，"擗踊"是捶胸顿足地悲伤的样子。引申指掰，在古籍中有很多用例，现代文学作品中也常用到。如梁斌《插火记》："他们擗了高粱叶子铺在地上，两个人一块并肩睡下。"只要留心一下，口语中是经常听得到"擗"的。

"掭笔"的"掭"

如果你练过书法的话，一定有这样的经验：毛笔蘸上墨汁后，要在砚台上轻轻地理顺笔毛，或者除去多余的墨汁。这个动作就叫 tiàn ——"tiàn 一 tiàn 笔"，很多人会说这个字，却不知道它的写法是"掭"。

"掭"的本义和拨火棍有关，它是从木旁的"栝（tiǎn）"演变来的。先是"栝"演变为同音同义的"桥"，再由木旁的"桥"生发出提手旁的"掭"。现在"桥"已淡出，"栝"和"掭"有了明确分工。"栝"是一个多音多义字，当它读 tiǎn 时，名词，指拨火棍；"掭"，音 tiàn，动词，义为拨动，如"掭灯芯"。由拨动义又引申特指弄顺毛笔的动作。

"撇油"的"撇"

下过厨房的人都知道，在烧肉汤或烧鸡汤时，汤的表面会泛起一层油沫，需要把它 piē 掉。这个"piē"字该怎么写呢？有本辞典里写作"剅"。且不说这个"剅"字过于冷僻，就它的意义来说，也是不太合适的。

剅，音 pī，其本义和刀有关，指持刀斜削，故右面是立刀旁。它是厨师的刀功之一。《方言据》卷下的解释是："侧刃削物令薄曰剅。"烤鸭要做成片皮鸭上桌，就要靠厨师"剅"的功夫。但现在"剅"字已罕用，多写作常用字"批"。

"piē 油"的"piē"，规范的写法应是"撇"。它既不同于舀，"舀"是直接用瓢、勺取出液体；也不同于"滗"，"滗"是挡住渣滓令液体流出。"撇"的动作是用器具斜着从液体表面提取。

"缲边"的"缲"

读过唐诗的人，都会记住孟郊的《游子吟》："慈母手中线，游子身上衣。临行密密缝，意恐迟迟归。谁言寸草心，报得三春晖。"那诗的意境会让我们的心头充满温暖。

读这首诗时，我脑子里会浮现出妈妈在灯下做衣服的情景，那时候妈妈和姐姐的对话中经常会用到一个词：缲。比如，"你帮我缲根带子""这件衣服我来缲边"。

缲，也可以写作"绗"，这两个字都读作qiāo。这是一种常用的缝纫方法，把布帛的边往里边卷，然后巧妙地缝起来，外面不露出针脚。当年的妈妈们都有一套缲的手艺，如今买衣服的多了，但缲几针的活，恐怕还是要做的。

有时走过路边的裁缝店，见他们推出的服务项目中，有"拷边"一项。殊不知这个"拷"字是错的，正确的写法应是"缲边"或者"绗边"。

"绲边"的"绲"

缝纫是一项技术活，其中有一道工序叫"绲边"，就是在做衣服、做布鞋时，沿着衣服或鞋帮的边缘，缝制一条圆棱形的边儿。

绲，音gǔn，由于这个字比较冷僻，有人就用同音字代替，写成了"滚边"。如今不少词典承认了这种写法，"绲边"和"滚边"成了一组异形词。不过，从词语的理据性来考察，还是应以"绲边"为规范。

　　绲的本义指编织的绳子、带子，因为"绲边"要在衣服或鞋子的边缘镶上带子或布条，所以这道工序便称为"绲边"。对此，章太炎先生的《新方言·释器》中曾特地作了如下阐述："凡织带皆可以为衣服缘边，故今称缘边为绲边，俗误书作'滚'。"可见"滚边"是以讹传讹的产物。

"绗被子"的"绗"

　　"绗"是一种缝纫方法。过去缝被子和现在不同，现在流行用被套，只要把棉花胎往被套里一塞，然后拉链一拉，四角一抖，便宣布大功告成；过去可要麻烦得多，先得铺平被里，把棉胎放上去，然后再盖上被面，用大针脚把被里、棉胎和被面固定下来，以防滑动。这种缝纫方法便称之为"绗"。

　　"绗"是一个形声兼会意字。左边的丝，表示和纺织品有关；右边的"行"，提示读音为 háng。"行"兼有表义作用，突出了这一缝纫方法的特点：它不是细针密线的细活，而是用大针脚行进，是一种"粗针大麻线"的制作方法。

图书在版编目（CIP）数据

规范汉语大学堂 . 2 / 金文明等著 . -- 上海：上海
文化出版社 , 2021.1（2022.10 重印）

ISBN 978-7-5535-1287-7

Ⅰ . ①规… Ⅱ . ①金… Ⅲ . ①汉字—错别字—辨别
Ⅳ . ① H124.1

中国版本图书馆 CIP 数据核字 (2020) 第 239375 号

规范汉语大学堂 2

金文明　杜咏秋　田娟华　雷伦　著

责任编辑：蒋逸征
装帧设计：王怡君

出　版：上海文化出版社　上海咬文嚼字文化传播有限公司
地　址：上海市闵行区号景路 159 弄 A 座 2—3 楼
邮　编：201101
发　行：上海市闵行区号景路 159 弄 A 座 206 室
印　刷：上海四维数字图文有限公司
规　格：787×1092 1/32
印　张：5.75
版　次：2021 年 2 月第 1 版　2022 年 10 月第 4 次印刷
书　号：ISBN 978-7-5535-1287-7/H.018
定　价：30.00 元

告读者：如发现本书有印刷质量问题请与印刷厂质量科联系
电　话：021-37212888 转 106